누구나
쉽고 재미있게

사고력 수학

놀크

D8
(11~12세)

경우의 수와 통계

# 이 책을 보시는 부모님들께

**머**리가 좋아야 수학을 잘 한다는 말이 있습니다. 또, 수학을 잘 못하는 아이는 아빠, 엄마의 머리를 물려받아서 그렇다는 등의 난데없는 유전자 논쟁이 벌어지기도 합니다. 하지만 많은 사람들의 일반적인 생각과는 달리 이는 근거없는 이야기입니다. 외국의 한 연구 기관에서 언어, 사회, 수학, 과학의 네 가지 분야 중 어떤 것이 아동의 선천적 재능에 영향을 받는지 조사한 연구 결과를 발표했는데 일반적인 예상과는 다르게 선천적 재능에 영향을 받는 순서는 사회, 언어, 과학, 수학 순이었습니다. 다시 말해, 수학은 여러 학문 분야 중 선천적인 재능보다는 후천적인 환경이나 교육자, 학습자의 노력에 가장 큰 영향을 받는 학문이라 볼 수 있습니다. 수학의 가장 기본이 되는 '수 영역'의 예를 들어 보겠습니다. 아이들이 수를 처음 접하는 시기의 차이는 있지만 실제 수에 대한 감각과 수를 다루는 연습은 생활 속에서의 체험이나 다양한 활동, 학습 속에서 이루어집니다. 즉, 수학의 가장 기본이 되는 수는 선천적으로 가진 재능과는 거의 연관이 없으며 자라나면서 어떤 환경에 놓이는지, 얼마나 많이 수를 생각할 수 있는 기회가 있는지, 나이에 맞는 올바른 학습을 만날 수 있는지에 좌우됩니다. 그러므로 아이의 수학적 발달에 문제가 있다면, 그 아이가 누구를 닮아서 그런지, 지능이 떨어지는지를 따질 것이 아니라 수학적 힘을 기를 수 있는 학습 환경을 어떻게 만들어줄 것인가를 고민해야 합니다.

**국제영재교육연구소**의 랜즐리 소장은 영재의 기준을 마련하기 위해 여러 연구를 시행한 결과, 영재의 공통적인 특징들을 발견하였습니다. 첫째는 115 이상의 지능지수(IQ), 둘째는 창의력(Creativity), 셋째는 동기적 요소라고 부르는 끈질긴 근성과 과제집착력이었습니다. 이들 세 가지 요소 역시 선천적으로 타고 나는 부분도 물론 있겠지만 대부분 후천적인 학습이나 교육 활동을 통해 기를 수 있는 능력이라는 데에 이의를 제기하기는 힘듭니다.

이처럼 수학적 능력은 후천적 학습 환경에 주로 좌우되며, 특히 어린 시절에는 그러한 경향이 더더욱 두드러집니다. 하지만 우리의 아이들을 둘러싼 수학적 환경을 다시 한 번 돌아봅시다. 초등학교를 들어가기 전부터 과도한 학습량과 무의미한 반복 활동, 이후의 수학 학습에 오히려 방해가 될 정도로 무리한 선행 학습 등의 환경은 아이의 수학적 힘을 길러주기보다는 수학에서 가장 중요한 창의적 사고력을 기를 수 있는 기회를 박탈함과 동시에 수학에 대한 흥미를 급속하게 떨어뜨리게 하여 수학으로 문제를 해결하려는 의지, 즉 수학적 동기를 스스로에게 부여하는 것을 불가능하게 만들어 버립니다. 중요한 것은 남들보다 먼저, 그리고 더 많이 수학적 지식을 머리 속에 주입하는 것이 아니라 태어나서부터 누구나 가지고 있는 수학에 대한 관심, 그리고 수학으로 생각하는 힘을 일깨워주는 것입니다.

## 수학을 잘할 수 있는 힘,

수학적 잠재력은 이미 여러분 아이들의 머릿 속에 줄곧 있어왔습니다. 단지 어떤 아이는 그것을 찾아내어 드러낼 수 있었고, 어떤 아이는 꼭꼭 숨긴 채 평생 드러나지 않을 뿐입니다. 이러한 수학적 잠재력에 대한 참신한 자극 – 생각을 두드리는 '노크'를 제안하려 합니다. '노크'는 수학적 지식과 스킬만을 무리하게 밀어넣지 않습니다. 왜 수학을 해야 하고, 어떻게 수학으로 가능한지 끊임없이 스스로 생각하게하는 계기로서의 활동이 되려 합니다. 일상으로부터 괴리된 학문으로서의 수학이 아닌, 삶을 살아가며 반드시 키워야 할 논리적, 합리적 사고력을 기를 수 있는 누구에게나 가장 중요한 경쟁력으로서의 수학을 주장합니다. '노크'야말로 새로운 수학 학습의 길을 보여주는 방향타가 될 것입니다.

한 현 조

# 똑!똑! 사고력 수학
# 노크의 구성

## 시작 : 생각열기

사고력 수학 주제에 맞는 수학적 상황, 수학사, 생활 속 수학 이야기 등의 자유로운 형식으로 흥미를 유발하고, 수학적 사고를 자극하는 주제별 프롤로그

**노크 포인트**

문제 해결의 핵심적 원리를 '콕!' 집어서 간결하게 요약한 사고력 수학 주제별 포인트

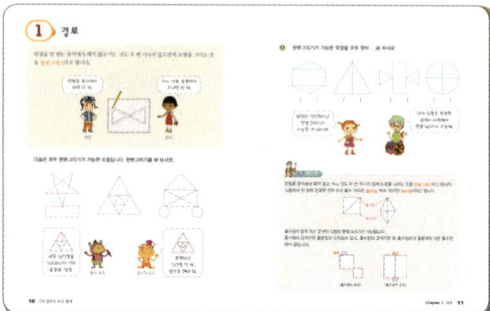

## 전개 : 유형 탐구

사고력 수학의 대표 유형을 노크만의 새로운 방법으로 차근차근 한 단계씩 익히고 해결하는 단계적 유형 탐구와 이를 통해 익힌 방법적 원리를 적용, 확장하는 확인 문항

> 잘 생각해 봐!

수학 요정들의 친절한 충고와 꼬마 요괴들의 밉살스럽지만 유용한 조언으로 어려운 발전 문항의 해결을 돕는 문제 해결 도우미 박스

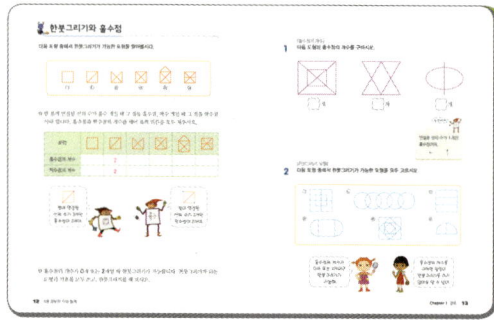

## 발전 : 창의적 문제해결력

3개의 사고력 수학 주제를 갈무리하는, 한 차원 높은 창의력과 복합적인 사고력을 요구하는 발전 문항의 끝판왕

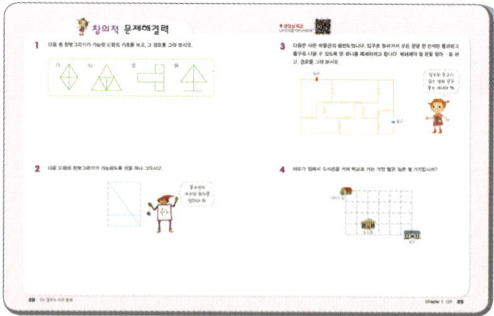

## 마무리 : 정답 및 해설

본문에 그대로 첨삭된 정답과 간략한 풀이 과정을 통한 사고력 수학 활동 피드백으로 마무리

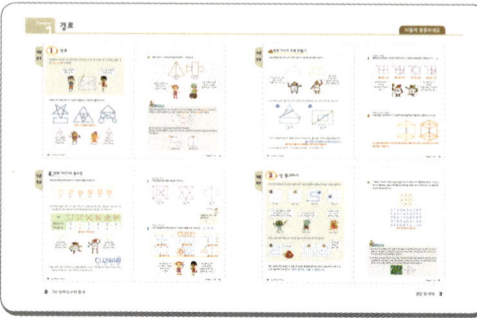

# 노크
# 캐릭터 소개

## 지식을 되찾기 위해 노크랜드로 떠난 모험가 친구들

일단 저지르고 보는 거야!

난 궁금한 건 절대 못 참아.

침착하게 위기를 벗어나야 해.

생각으로 아주 멀리까지 날아가.

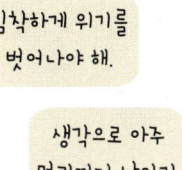

**태경**
활동파 리더

**지오**
호기심 공주

**초이**
조용한 전략가

**아인**
꼬마 천재

---

## 마법사 멀린과 수학 요정

### 마법사 멀린

노크랜드의 지식의 수호자. 지식을 파괴하려는 대마왕의 음모에 맞서 모험을 떠난 친구들의 든든한 조력자.

아르키메데스

페르마

플라톤

파스칼

피타고라스

가우스

유클리드

오일러

---

## 대마왕과 꼬마 요괴

### 대마왕

노크랜드의 지식의 파괴자. 세계를 차지하기 위해 모든 지식을 없애버리려고 하는 요괴들의 두목.

딴소리

한입

장난

잘난척

딴짓

멍하니

잠만자

대충이

산만해

울보

거꾸로

뛰어

# 이 책의 차례

# Chapter 1

# 경로

# 경로

연필을 한 번도 종이에서 떼지 않고 어느 선도 두 번 지나지 않으면서 도형을 그리는 것을 한붓그리기라고 합니다.

다음은 모두 한붓그리기가 가능한 도형입니다. 한붓그리기를 해 보시오.

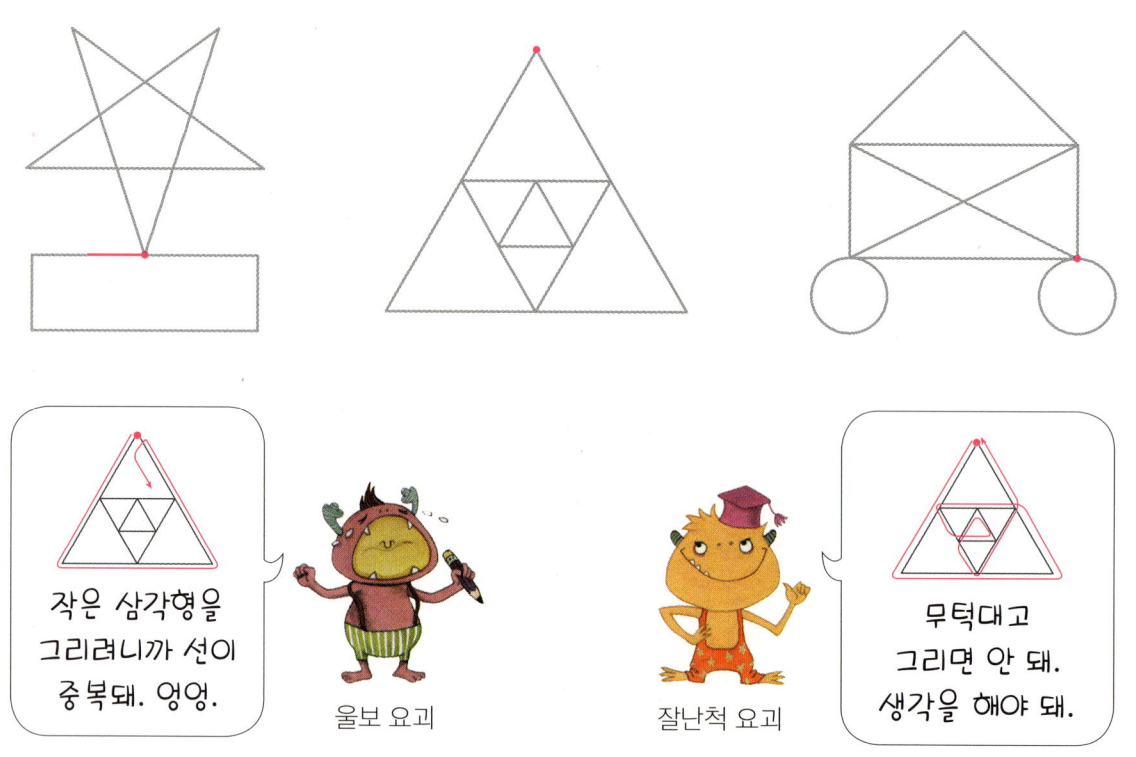

⏱ 한붓그리기가 가능한 모양을 모두 찾아 ◯표 하시오.

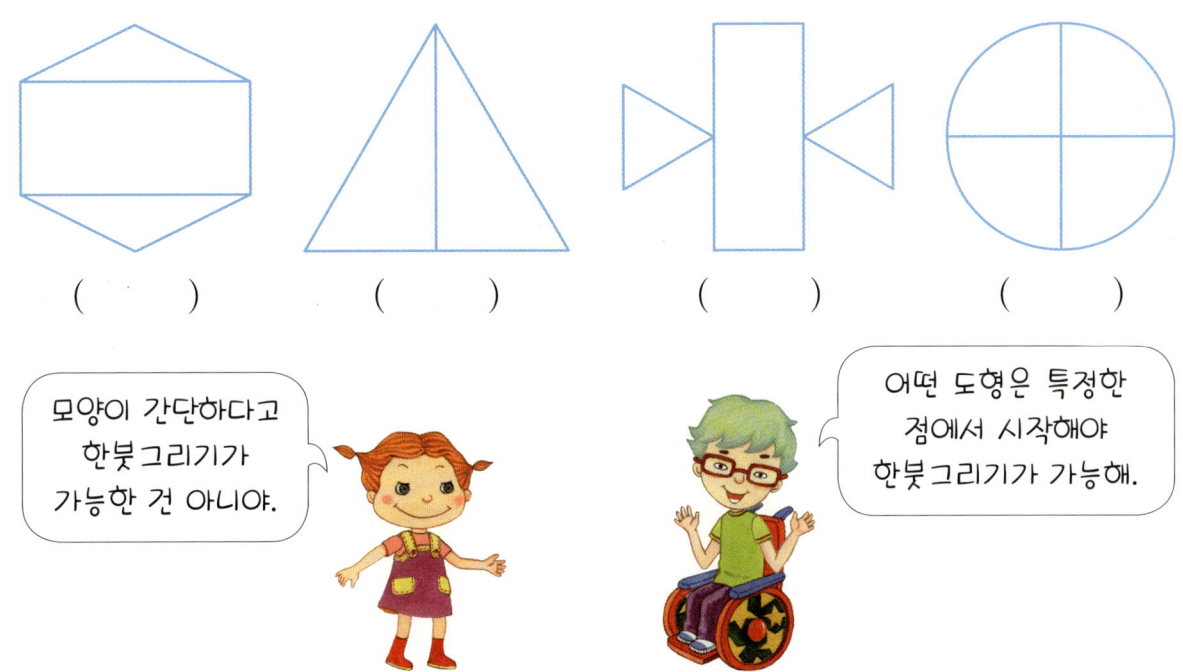

(      )        (      )        (      )        (      )

> 모양이 간단하다고 한붓그리기가 가능한 건 아니야.

> 어떤 도형은 특정한 점에서 시작해야 한붓그리기가 가능해.

**노크 포인트**

연필을 종이에서 떼지 않고, 어느 선도 두 번 지나지 않게 도형을 그리는 것을 한붓그리기라고 합니다.
도형에서 한 점에 연결된 선의 수가 홀수 개이면 홀수점, 짝수 개이면 짝수점이라고 합니다.

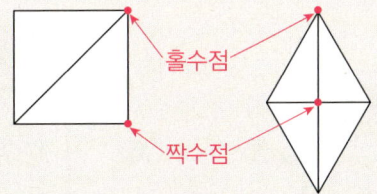

홀수점

짝수점

홀수점이 0개 또는 2개인 도형은 한붓그리기가 가능합니다.
홀수점이 0개이면 출발점과 도착점이 같고, 홀수점이 2개이면 한 홀수점에서 출발하여 다른 홀수점
에서 끝납니다.

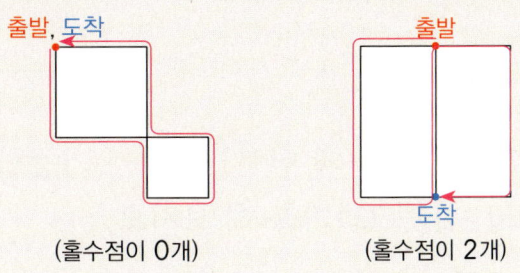

출발, 도착          출발

도착

(홀수점이 0개)        (홀수점이 2개)

# 한붓그리기와 홀수점

다음 도형 중에서 한붓그리기가 가능한 도형을 알아봅시다.

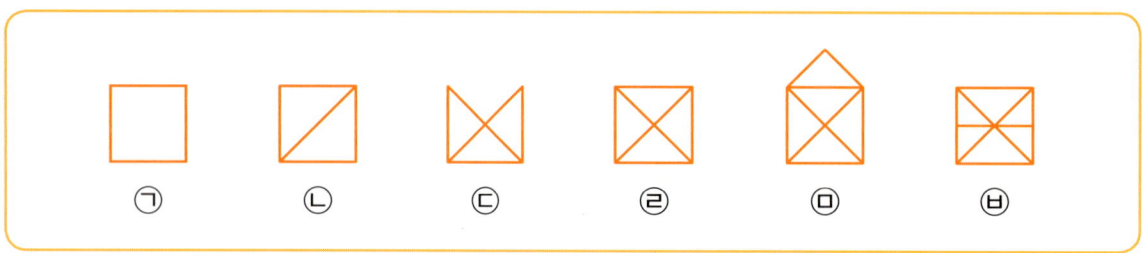

❶ 한 점에 연결된 선의 수가 홀수 개일 때 그 점을 홀수점, 짝수 개일 때 그 점을 짝수점
이라 합니다. 홀수점과 짝수점의 개수를 세어 표의 빈칸을 모두 채우시오.

| 모양 | □ | ◪ | ⊠ | ⊠ | △▢ | ⊞ |
|---|---|---|---|---|---|---|
| 홀수점의 개수 | | 2 | | | | |
| 짝수점의 개수 | | 2 | | | | |

점에 연결된
선의 수가 3개인
홀수점이 2개야.

점에 연결된
선의 수가 2개인
짝수점이 2개야.

❷ 홀수점의 개수가 0개 또는 2개일 때 한붓그리기가 가능합니다. 한붓그리기가 되는
도형의 기호를 모두 쓰고, 한붓그리기를 해 보시오.

**1** 다음 도형의 홀수점의 개수를 구하시오.

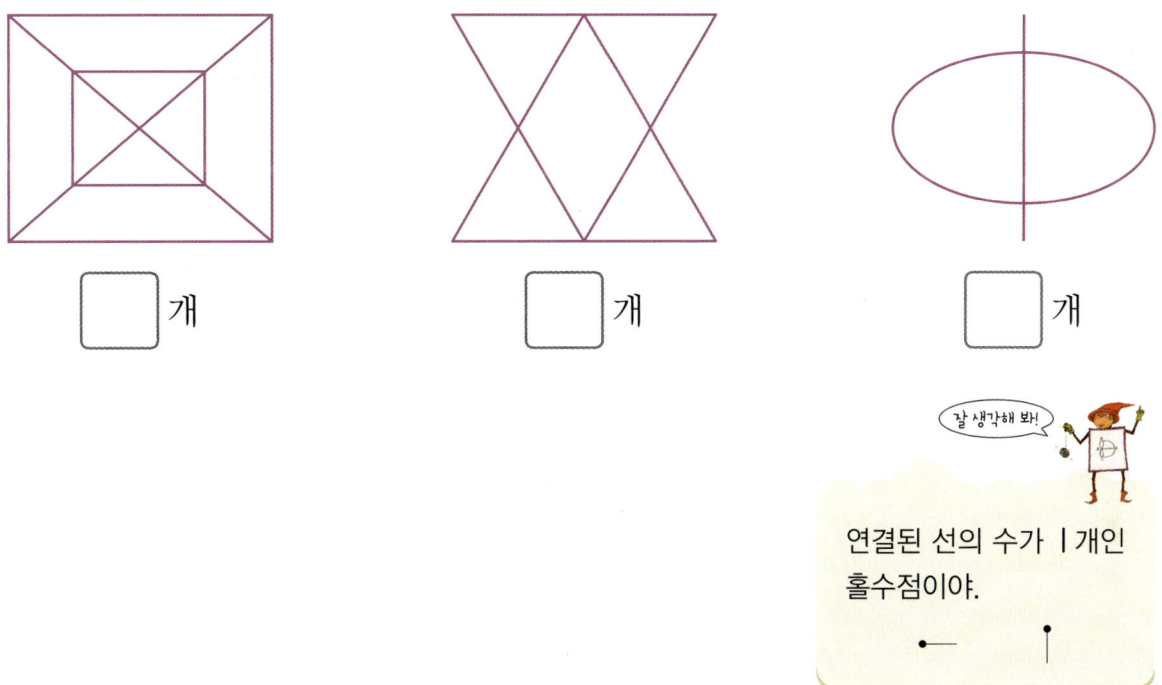

□ 개          □ 개          □ 개

잘 생각해 봐!

연결된 선의 수가 1개인
홀수점이야.

[한붓그리기 도형]

**2** 다음 도형 중에서 한붓그리기가 가능한 도형을 모두 고르시오.

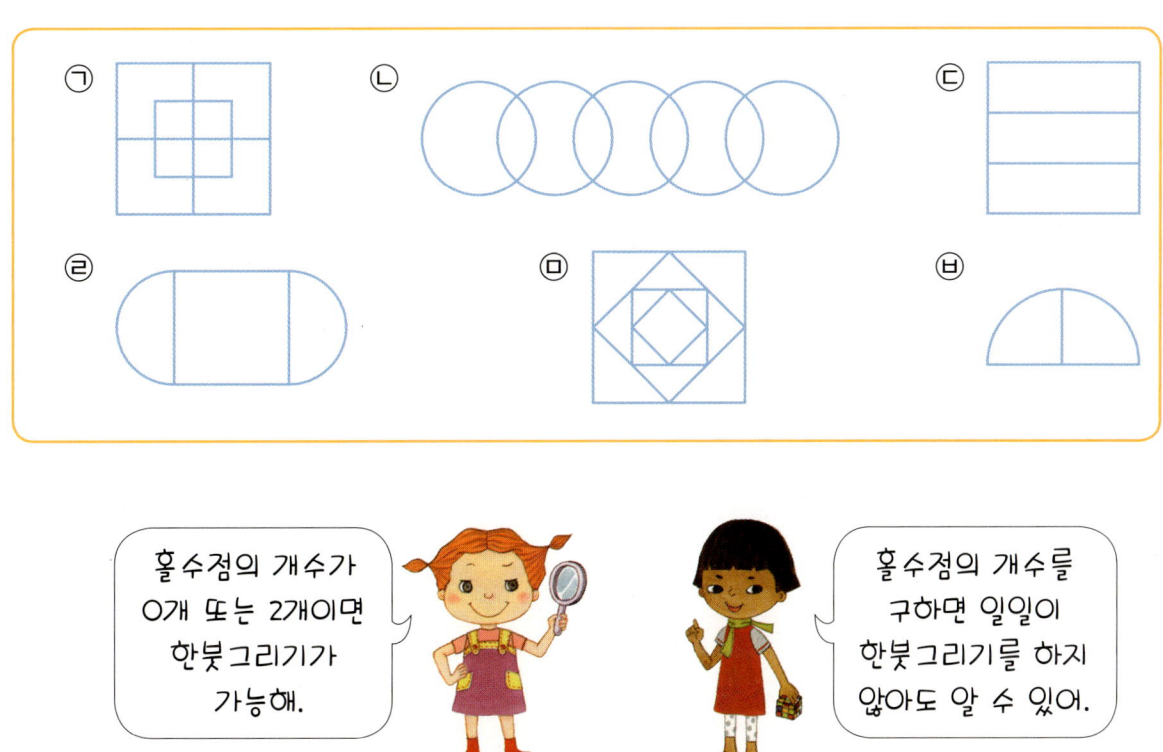

홀수점의 개수가
0개 또는 2개이면
한붓그리기가
가능해.

홀수점의 개수를
구하면 일일이
한붓그리기를 하지
않아도 알 수 있어.

# 한붓그리기 도형 만들기

다음 도형에 선을 하나 그어 한붓그리기가 가능하도록 만들어 봅시다.

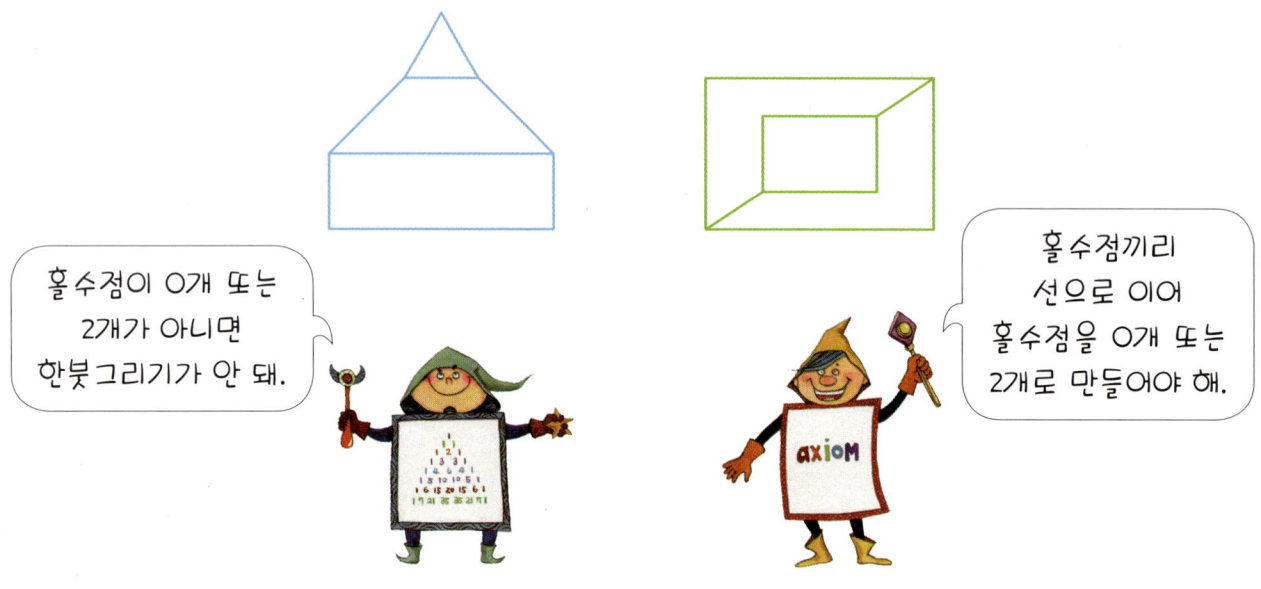

❶ 도형에서 홀수점을 모두 찾아 점(●)으로 표시하시오. 홀수점은 각각 몇 개입니까?

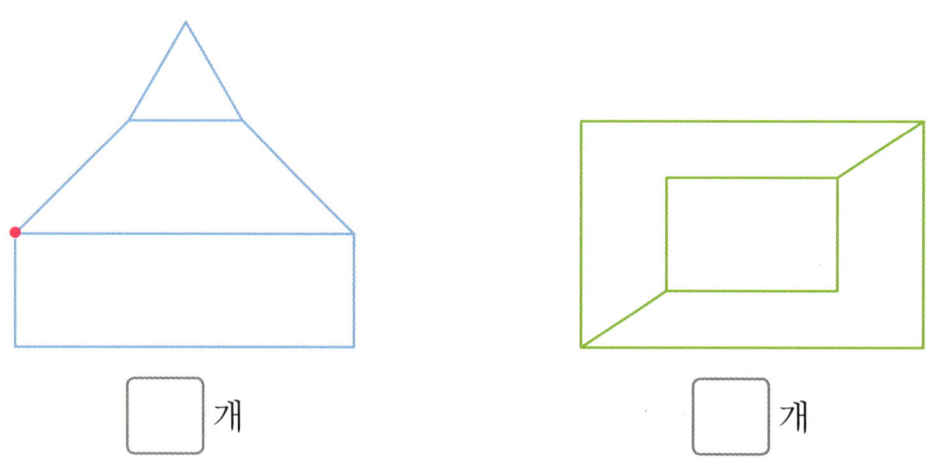

☐ 개          ☐ 개

❷ ❶의 도형에서 홀수점 2개를 선으로 이어 보시오. 홀수점의 개수는 어떻게 변합니까?

❸ ❷에서 홀수점 2개를 이은 모양으로 한붓그리기를 해 보시오.

**1** 출발점과 도착점이 다르면서 한붓그리기가 가능한 도형을 찾아 기호를 쓰시오.

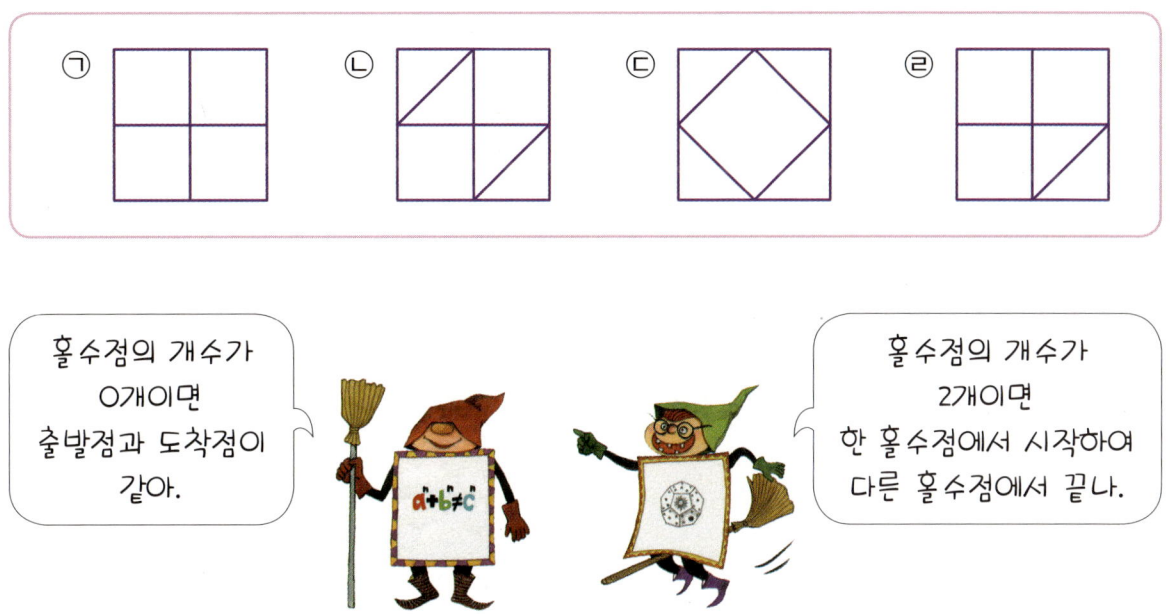

[한붓그리기 도형 만들기]

**2** 다음 도형이 한붓그리기가 가능하도록 도형에 점과 점을 잇는 선을 하나 그으시오.

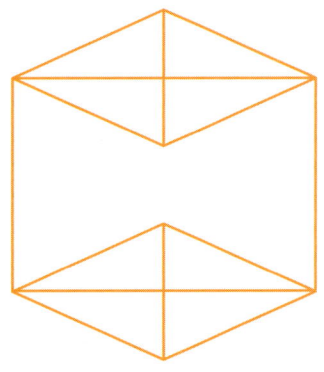

# 방 통과하기

각각 다른 방에 있는 꼬마 요괴들이 모든 방을 한 번씩만 통과하여 방을 나오려고 합니다.

한입 요괴

울보 요괴

뛰어 요괴

딴짓 요괴

가로, 세로 방향으로 이웃한 방으로만 갈 수 있어. 대각선 방향으로는 갈 수 없어.

한 번 들어간 방은 다시 들어갈 수 없어.

밖으로 나오면 다시 방으로 돌아갈 수 없어.

산만해 요괴

멍하니 요괴

잠만자 요괴

한입 요괴가 먼저 밖으로 나오고, 울보 요괴는 길을 찾지 못합니다.

너무 쉬워.

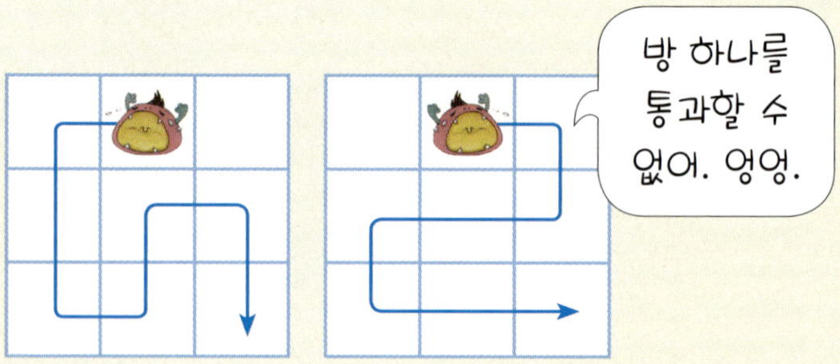

방 하나를 통과할 수 없어. 엉엉.

뛰어 요괴와 딴짓 요괴도 각 방을 한 번씩만 통과하여 밖으로 나올 수 있습니까? 나올 수 있으면 길을 찾아 그려 보시오.

1번부터 9번까지 번호가 있는 방을 각각 한 번씩만 모두 통과하여 밖으로 나오려고 합니다. 통과하는 방법 3가지를 방의 번호를 차례로 써서 나타내시오. (단, 출발지점이 모두 달라야 합니다.)

각 방에 체스판처럼 주황색과 흰색을 칠하고 생각해 봐.

한 칸 움직일 때마다 색이 다른 방에 가지.

아홉 개의 방을 모두 지나려면 주황색 방에서 시작해야겠군.

노크 포인트

① 방과 문이 있는 건물에서 모든 문을 한 번씩 중복되지 않게 통과하려면 홀수 개의 문이 있는 방에서 출발하여 다른 홀수 개의 문이 있는 방으로 나와야 합니다. 홀수 개의 문이 있는 방이 4개 이상 있으면 한 번씩 중복되지 않게 통과할 수 없습니다.

② 방문 통과나 쾨니히스베르크의 다리 문제는 한붓그리기 문제로 바꾸어 해결할 수 있습니다. 방문 통과 문제에서는 방은 점으로, 문은 점을 연결하는 선으로 바꾸어 나타내고, 다리 문제에서는 지역은 점으로, 다리는 점을 연결하는 선으로 나타내어 한붓그리기 문제로 바꿉니다.

# 방문 통과 경로

그림과 같이 6개의 방과 방을 연결하는 문이 8개 있습니다. 같은 문을 두 번 지나지 않고 문을 한 번씩만 지나는 경로를 나타내어 봅시다.

모든 문은 한 번씩만 통과해야 해.

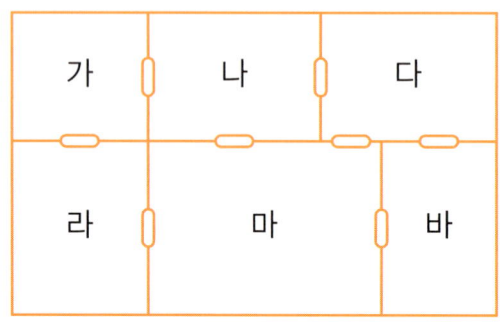

| 가 | 나 | 다 |
| 라 | 마 | 바 |

같은 문은 2번 통과할 수 없어.

❶ 각 방의 문의 개수를 쓰시오.

| 방 | 가 | 나 | 다 | 라 | 마 | 바 |
|---|---|---|---|---|---|---|
| 문의 개수 | 2 | 3 | | | | |

방 가는 문이 2개이니 한 번 들어가고 한 번 나오면 되겠군.

방 나는 문이 3개이니 들어가는 횟수와 나오는 횟수가 달라야 해.

문이 홀수 개인 방에서 시작해서 문이 홀수 개인 다른 방에서 끝나면 되겠어.

❷ 모든 문을 한 번씩만 지나는 경로를 그려 보시오.

[모든 문을 한 번씩 지나는 경로]

**1** 7개의 방과 10개의 문이 있습니다. 모든 문을 한 번씩만 지나는 경로를 그려 보시오.

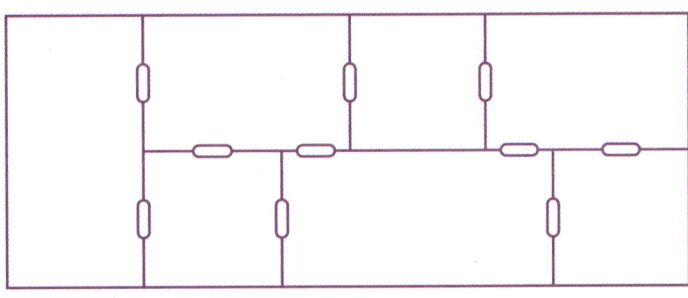

[입구와 출구]

**2** 다음은 어떤 미술관의 평면도인데 입구와 출구가 없습니다. 입구로 들어가서 모든 문을 한 번씩만 지나고 출구로 나온다고 할 때 입구와 출구는 어느 방에 설치해야 합니까?

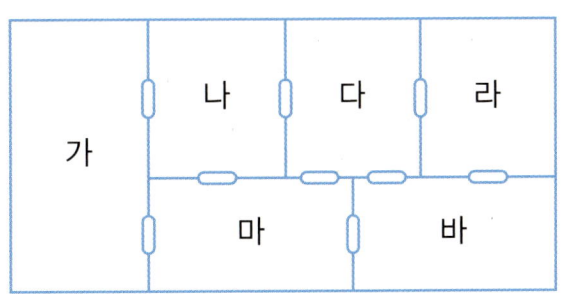

 # 쾨니히스베르크의 다리

쾨니히스베르크는 독일의 옛도시로 중세 시대부터 1945년까지 동프로이센의 수도였는데 1945년 러시아에 편입되어 현재는 러시아의 칼리닌그라드로 불립니다.

이 도시에는 프레겔 강이 흐르고 있고 강 사이에 있는 2개의 섬을 연결하는 7개의 다리가 있습니다.

다리를 한 번씩만 건너서 출발한 곳으로 다시 돌아올 수 있는 방법이 있을까?

7개의 다리를 건너는 방법이 무려 5000가지가 넘어. 일일이 해 보려다간 아마 몇 십년이 걸릴 거야.

"7개의 다리를 한 번씩만 건너서 처음 시작한 곳으로 돌아올 수 있는 길이 있을까?"라는 문제가 도시의 시민들 사이에서 이야기 거리가 되었는데 이 문제를 쾨니히스베르크의 다리 문제라고 합니다.

이 문제를 수학적으로 해결한 사람이 독일의 수학자 오일러입니다. 오일러는 이 문제를 한붓그리기를 이용하여 해결하였고, 모든 길을 한 번씩만 지나 출발점으로 다시 돌아오는 길을 오일러 순환길이라고 부릅니다.

오일러

**[쾨니히스베르크의 다리]**

**1** 다음은 쾨니히스베르크의 다리 문제를 한붓그리기 문제로 바꾼 것입니다. 바꾼 도형은 한붓그리기가 가능합니까? 불가능하면 그 이유를 설명하시오.

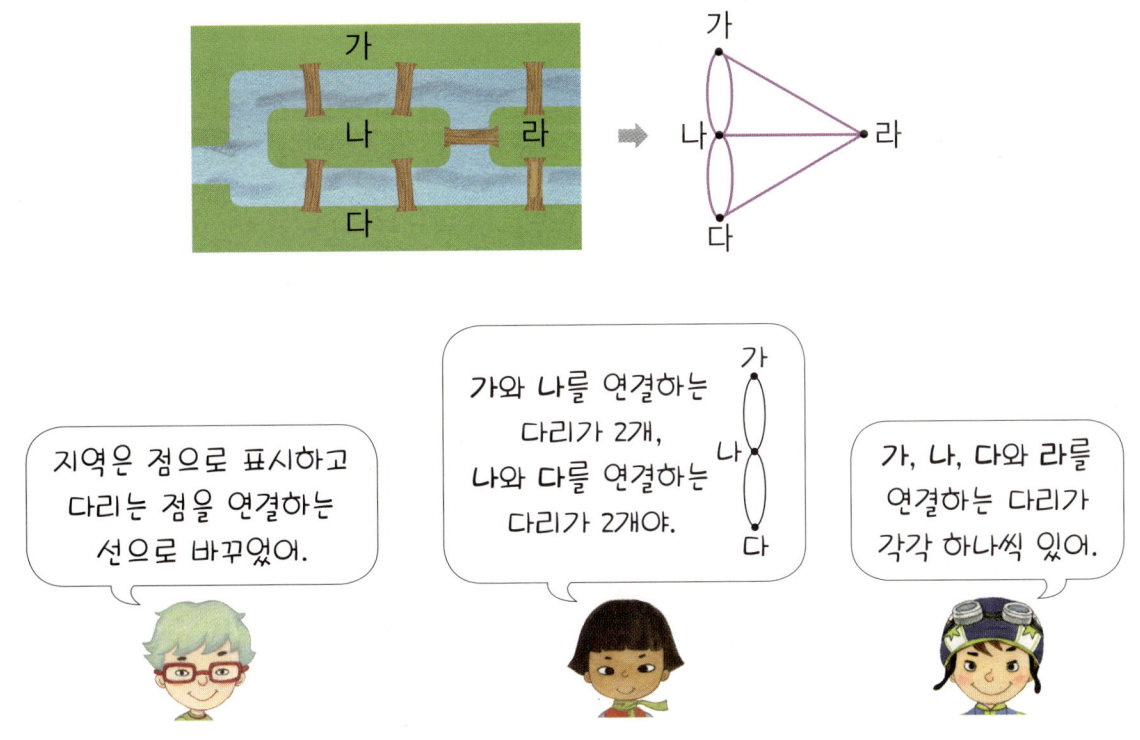

지역은 점으로 표시하고 다리는 점을 연결하는 선으로 바꾸었어.

가와 나를 연결하는 다리가 2개, 나와 다를 연결하는 다리가 2개야.

가, 나, 다와 라를 연결하는 다리가 각각 하나씩 있어.

**[다리 건너기]**

**2** 가, 나, 다, 라, 마 5개의 지역에 10개의 다리가 있습니다. 다리를 한 번씩만 건너 10개의 다리를 모두 지날 수 있는 길을 그려 보시오.

한붓그리기 문제로 바꿔 봐.

# 3 가장 짧은 길

가에서 나까지 가는 가장 짧은 길은 여러 가지가 있습니다.

가장 짧은 길은
4칸 가야 해.
6가지 길이 있어.

태경

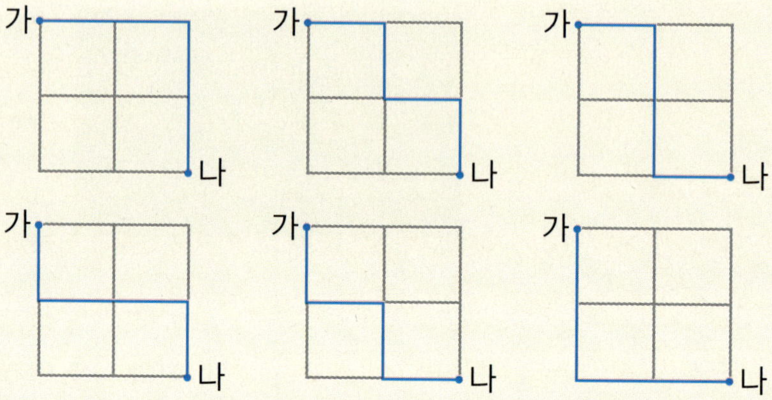

7칸 가는
가장 짧은 길은
6가지가 있어.

초이

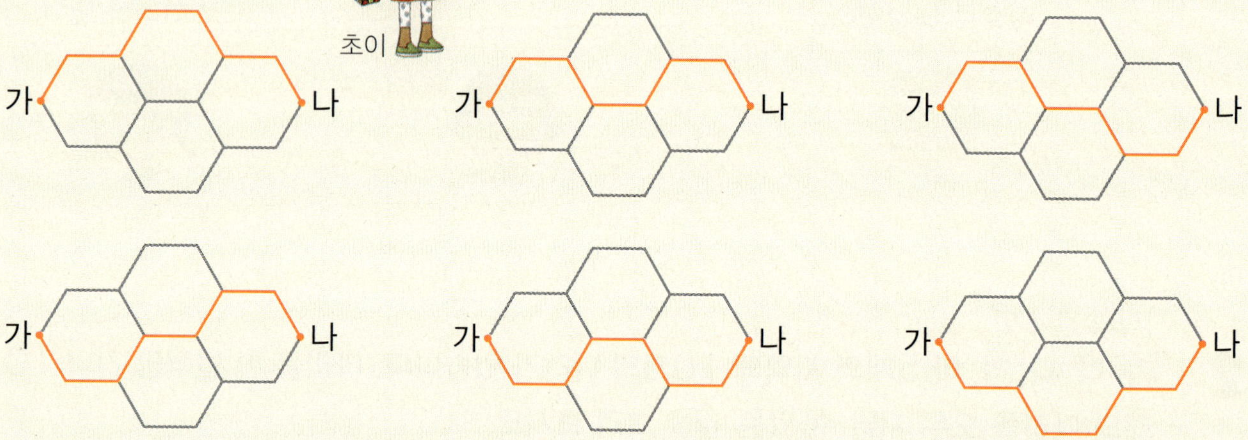

가에서 나까지 가는 가장 짧은 길을 4가지 방법으로 그리시오.

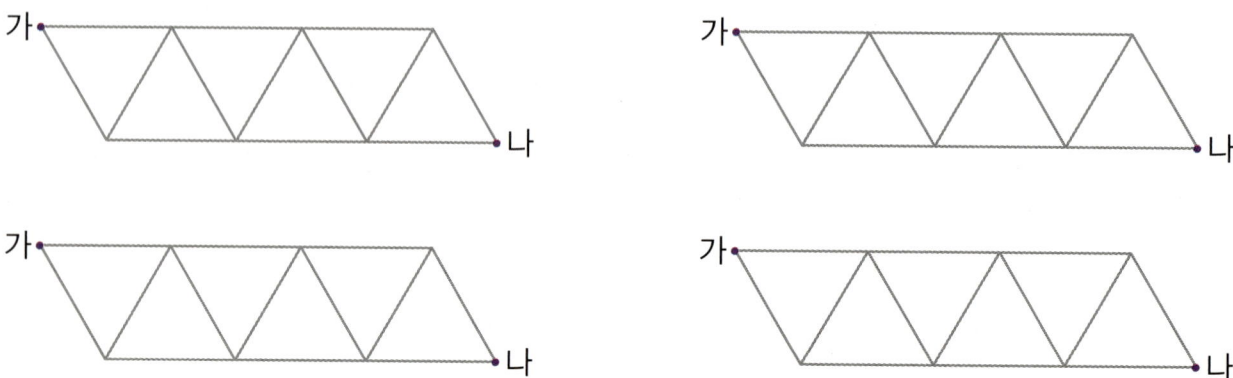

🟢 가에서 나까지 가는 가장 짧은 길을 모두 그리시오. 모두 몇 가지입니까?

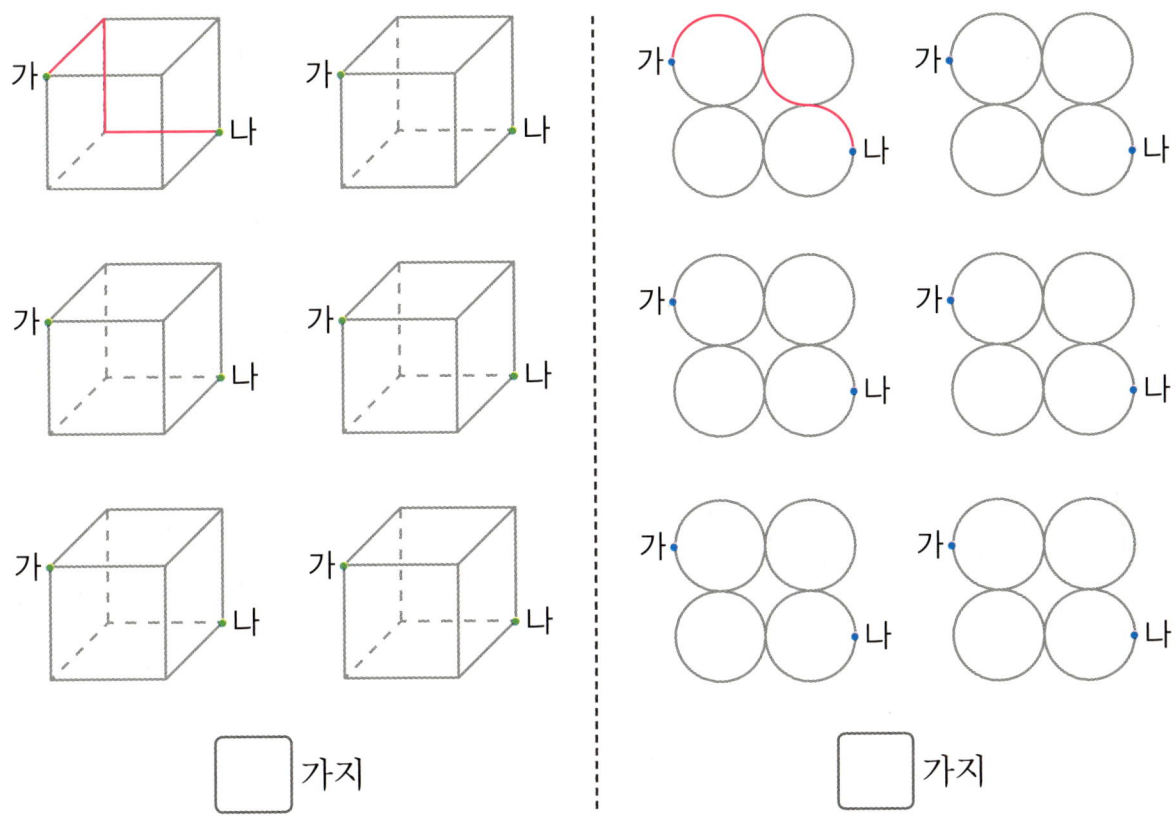

 가지

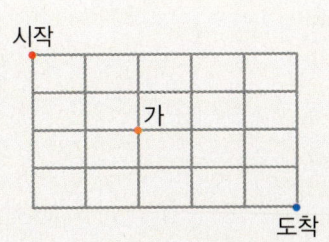 가지

## 노크 포인트

**가** 지점을 들렀다 가는 가장 짧은 길의 가짓수는
(시작점에서 **가** 지점까지의 가짓수)✕(**가** 지점에서 도착점까지의 가짓수)
**가** 지점을 들리지 않고 가는 가장 짧은 길의 가짓수는
(시작점에서 도착점까지의 가짓수)—(**가** 지점을 들렀다 가는 가짓수)

일방통행이 있는 가장 짧은 길의 가짓수를 구할 때에는, 지나서는 안 되는 길을 지운 다음 갈래길에 길의 가짓수를 씁니다.

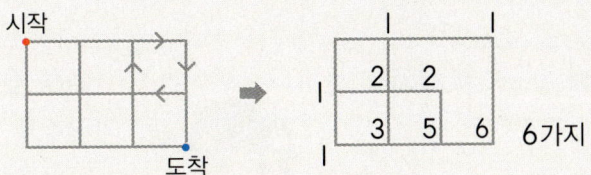

# 놀이터에서 만나는 가짓수

뛰어 요괴와 장난 요괴가 현재 있는 위치에서 출발하여 상대방을 향해 가장 가까운 길로 가고 있습니다. 둘이 같은 빠르기로 갈 때 놀이터에서 만나는 경우는 몇 가지인지 알아봅시다.

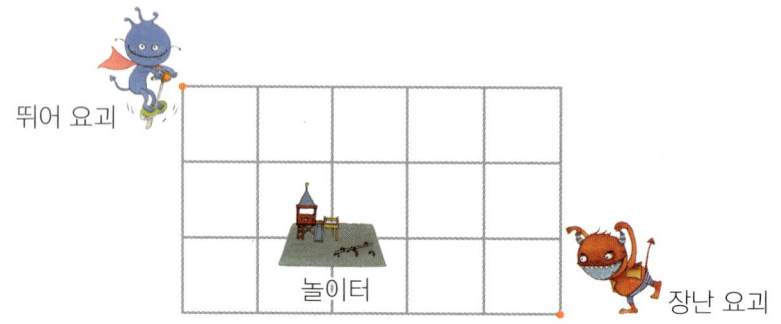

❶ 뛰어 요괴가 놀이터까지 가는 가장 가까운 길은 모두 몇 가지입니까?

❷ 장난 요괴가 놀이터까지 가는 가장 가까운 길은 모두 몇 가지입니까?

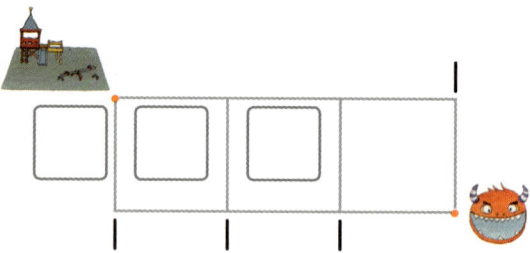

❸ 뛰어 요괴와 장난 요괴가 놀이터에서 만나는 경우는 모두 몇 가지입니까?

⬜ × ⬜ = ⬜ (가지)

 뛰어 요괴가 놀이터까지 가는 가짓수와 장난 요괴가 놀이터까지 가는 가짓수를 곱하면 돼.

**[대각선 길]**

장난 요괴가 놀이터에 가려고 합니다. 가장 짧은 길로 가는 방법은 모두 몇 가지입니까?

놀이터

대각선 길을 반드시 지나야 해.

**[공사장]**

태경이가 집에서 학교까지 가는 여러 가지 길을 그린 것입니다. 공사하는 곳을 피해 집에서 학교까지 가는 길은 모두 몇 가지입니까?

태경이네 집

학교

전체 가짓수에서 공사 지점을 들렀다 가는 가짓수를 빼면 돼.

# 🐛 일방통행 길

다음과 같은 도로의 화살표 표시가 된 길은 화살표 방향으로만 갈 수 있는 일방통행 길입니다. 가에서 나까지 갈 수 있는 가장 빠른 길은 모두 몇 가지인지 알아봅시다.

> 일방통행 길은
> 한 방향으로만 갈 수 있고
> 반대 방향으로 갈 수 없어.

❶ 가에서 나까지 가장 빠른 길로 가려면 오른쪽과 아래로만 가야 합니다. 지나서는 안 되는 길에 모두 ✕표 하시오.

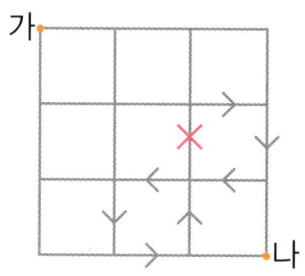

❷ ❶에서 표시한 도로를 빼고 남은 도로를 아래 점선을 따라 그리시오.

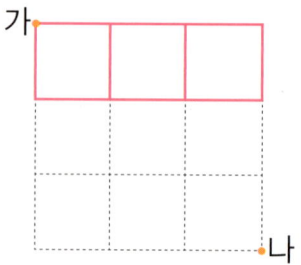

❸ ❷의 갈래길에 길의 가짓수를 쓰고 가에서 나까지 가는 가장 빠른 길의 가짓수를 구하시오.

[위에서 아래로 가는 가장 짧은 길]

**1** 가에서 출발하여 나와  다에 갈 수 있는 길의 가짓수를 각각 구하시오. (단, 길은 위에서 아래로만 갈 수 있습니다.)

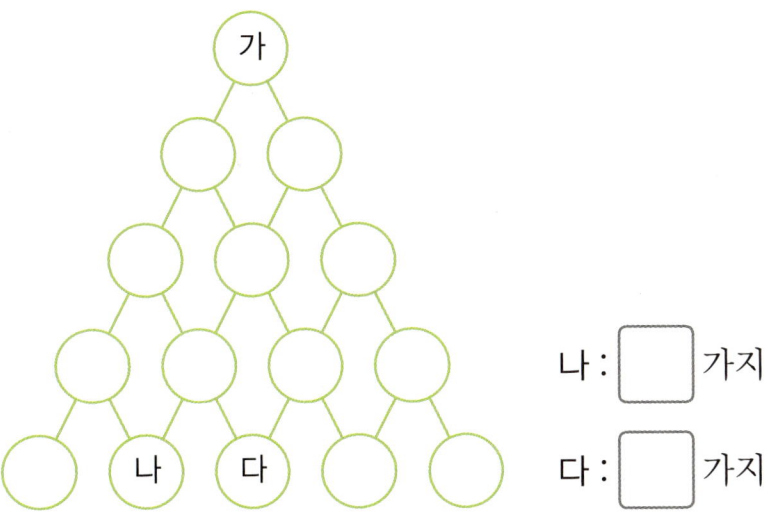

나 : ☐ 가지

다 : ☐ 가지

[자동차 일방통행]

**2** 자동차를 타고 가에서 출발하여 나까지 가는 가장 가까운 길은 모두 몇 가지입니까?
(단, 화살표 표시가 있는 도로는 화살표 방향으로만 가야 합니다.)

왼쪽과 위로 가는
일방통행 길을 지워.

# 창의적 문제해결력

**1** 다음 중 한붓그리기가 가능한 도형의 기호를 쓰고, 그 경로를 그려 보시오.

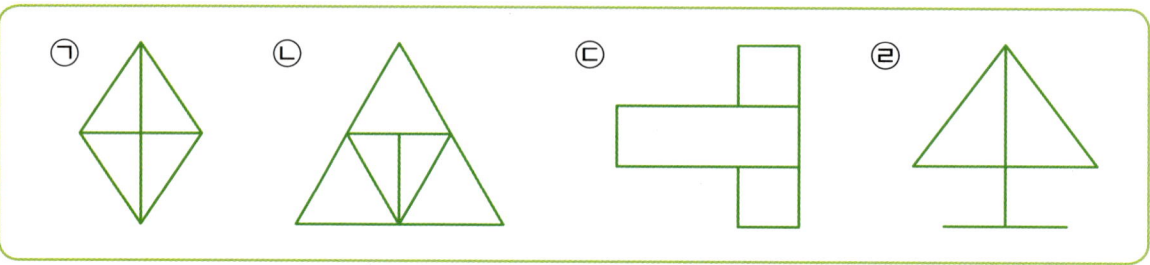

**2** 다음 도형에 한붓그리기가 가능하도록 선을 하나 그으시오.

홀수점의 개수와 위치를 알아야 해.

**3** 다음은 어떤 박물관의 평면도입니다. 입구로 들어가서 모든 문을 한 번씩만 통과하고 출구로 나올 수 있도록 문 하나를 폐쇄하려고 합니다. 폐쇄해야 할 문을 찾아 ✕표 하고, 경로를 그려 보시오.

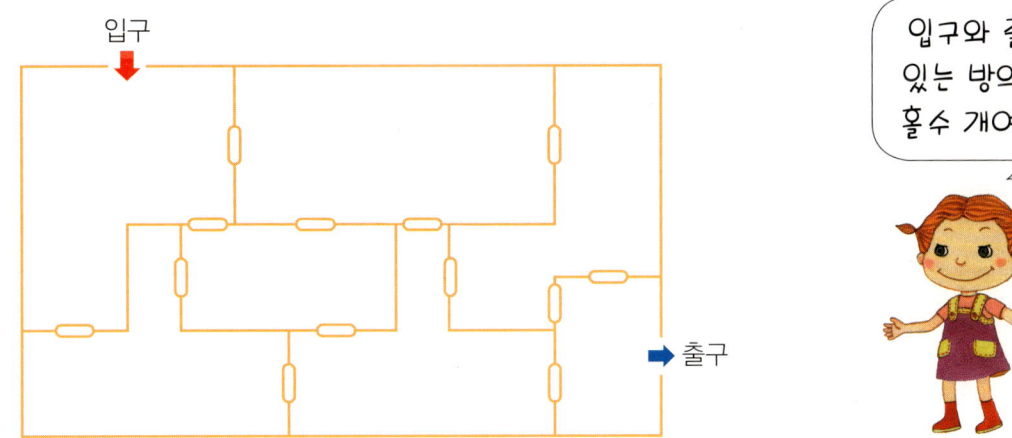

> 입구와 출구가 있는 방의 문은 홀수 개여야 해.

**4** 지오가 집에서 도서관을 거쳐 학교로 가는 가장 짧은 길은 몇 가지입니까?

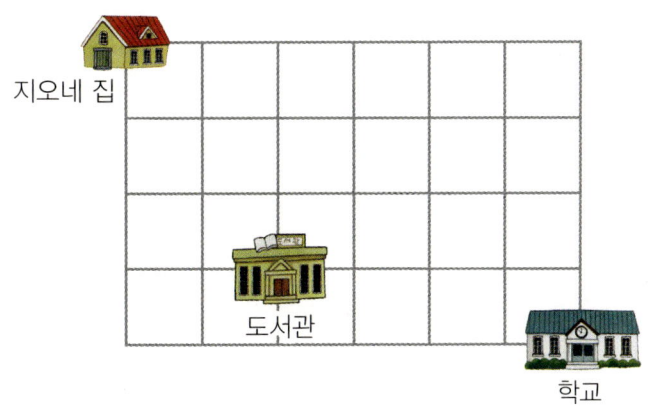

# Chapter 2

# 경우의 수

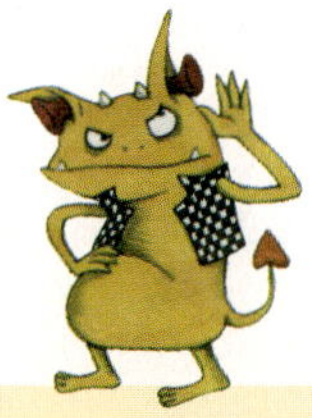

# 가짓수

정사각형 4개를 붙인 모양에서 2칸을 색칠하는 방법을 알아봅니다.

> 4칸 중에 2칸을 색칠하는 방법은 몇 가지나 될까?

> 빠지지 않고 중복되지 않게 모두 찾는 것이 중요해.

아인이는 기준을 정하여 색칠합니다.

> 위 칸을 먼저 색칠한 다음 아래 칸을 하나씩 칠했어.

아인

초이는 나뭇가지 그림을 그려 알아봅니다.

> 각 칸에 번호를 매기고 나뭇가지 그림을 그렸어. 색칠함(○), 색칠 안 함(✕)

초이

동전 3개를 던졌을 때 나오는 경우의 가짓수를 표와 나뭇가지 그림으로 나타낸 것입니다. 표와 그림을 완성하고 가짓수를 구하시오.

**방법 1: 표**

| 동전 1 | 그림면 | 그림면 | 그림면 | 숫자면 | 그림면 | 숫자면 |  |  |
|--------|--------|--------|--------|--------|--------|--------|--|--|
| 동전 2 | 그림면 | 그림면 | 숫자면 | 그림면 | 숫자면 | 그림면 |  |  |
| 동전 3 | 그림면 | 숫자면 | 그림면 |  |  |  |  |  |

➡ ☐ 가지

**방법 2: 나뭇가지 그림**

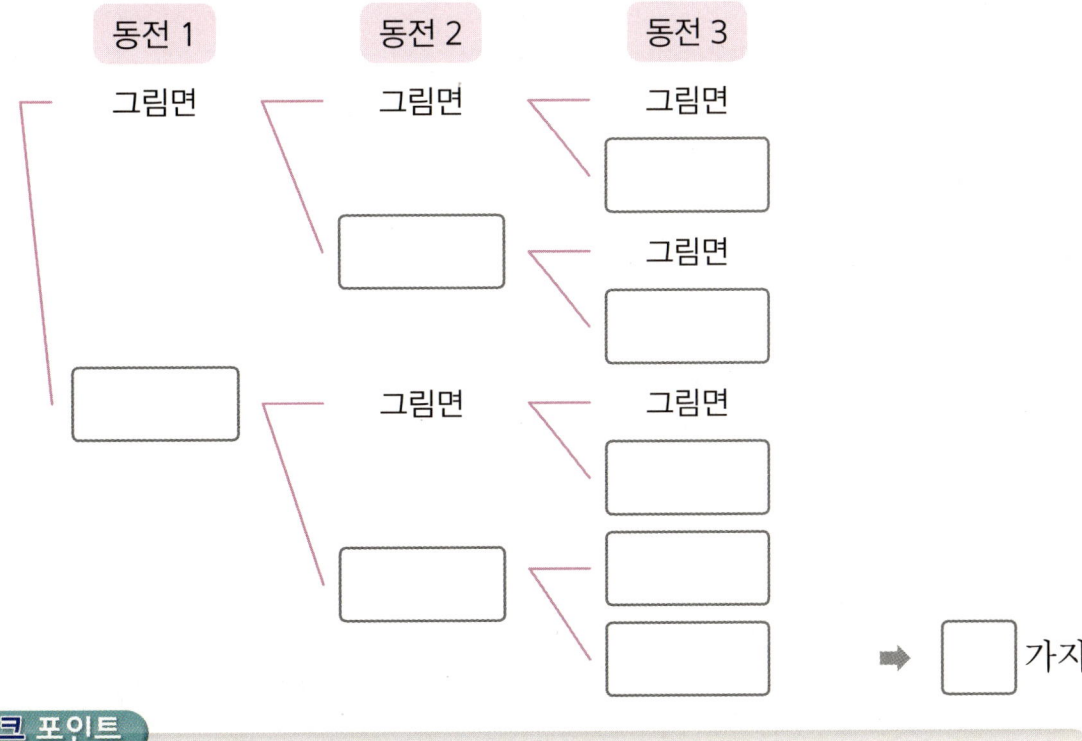

➡ ☐ 가지

**노크 포인트**

주사위 하나를 던져서 나올 수 있는 경우는 1, 2, 3, 4, 5, 6으로 모두 6가지입니다.
그러나 두 가지 사건이 동시에 일어나거나 복잡한 상황에서 나올 수 있는 경우의 가짓수를 구할 때에는 표나 나뭇가지 그림을 그려 구하는 것이 편리합니다.
가짓수를 구할 때에는 빠뜨리지 말고 중복되지 않게 구하는 것이 중요합니다.

## 지불하는 방법의 가짓수

500원, 100원, 50원짜리 동전으로 1000원을 지불하는 방법은 모두 몇 가지인지 알아
봅시다.

❶ 500원짜리 동전만 사용하여 1000원을 지불하는 방법은 몇 가지입니까?

❷ 500원짜리 동전 1개와 다른 종류의 동전을 사용하여 1000원을 지불하는 방법을
표로 나타낸 것입니다. 표를 완성하고 가짓수를 구하시오.

| 500원짜리 | 1 | 1 | 1 | 1 | 1 | 1 |
|---|---|---|---|---|---|---|
| 100원짜리 | 5 | 4 | | | | |
| 50원짜리 | 0 | 2 | | | | |

❸ 500원짜리 동전을 사용하지 않고 1000원을 지불하는 방법입니다. 표를 완성하
고 가짓수를 구하시오.

| 500원짜리 | 0 | 0 | 0 | 0 | 0 | 0 | 0 | 0 | 0 | 0 | 0 |
|---|---|---|---|---|---|---|---|---|---|---|---|
| 100원짜리 | 10 | | | | | | | | | | |
| 50원짜리 | 0 | | | | | | | | | | |

❹ 500원, 100원, 50원짜리 동전으로 1000원을 지불하는 방법은 모두 몇 가지입
니까?

[합이 30]

**1**  다음 수 카드가 각각 ㅣ0장씩 있습니다. 수 카드에 적힌 수의 합이 30이 되는 방법은
모두 몇 가지입니까?

[ㅣ0] 카드가 3장, 2장, ㅣ장,
0장일 때로 나누어서 경우
를 잘 따져야 해.

[과녁판 1000점]

**2**  다음 과녁판에 화살을 여러 번 쏘아 ㅣ000점을 얻는 방법은 모두 몇 가지입니까?
(단, 화살은 얼마든지 쏠 수 있고, 화살이 과녁판을 벗어나지 않습니다.)

## 합의 가짓수

세 수의 합이 9가 되는 경우를 여러 가지 방법으로 나타낸 것입니다. 세 수의 합이 12가 되는 경우는 모두 몇 가지인지 알아봅시다.

❶ 세 수의 합이 12가 되는 경우를 나뭇가지 그림으로 나타내시오.

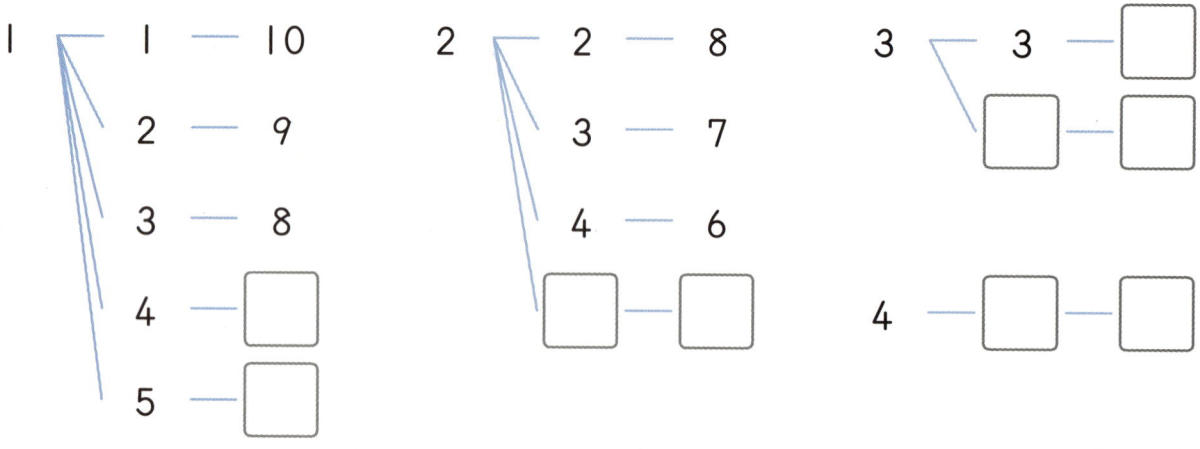

❷ 세 수의 합이 12가 되는 경우는 모두 몇 가지입니까?

**1** 3개의 홀수를 더해서 15가 되는 방법은 모두 몇 가지입니까? (단, 같은 수를 여러 번 사용할 수 있고, 순서만 바뀐 것은 한 가지로 봅니다.)

잘 생각해 봐!

홀수를 사용해야 해.
$1+1+13=15$
$1+3+11=15$
$\vdots$

[세 수의 곱]

**2** 16을 세 수의 곱으로 나타내면 다음과 같이 4가지 방법이 있습니다. 같은 방법으로 24를 세 수의 곱으로 나타내는 방법은 모두 몇 가지입니까?

$$1\times1\times16=16 \qquad 1\times2\times8=16$$
$$1\times4\times4=16 \qquad 2\times2\times4=16$$

2×2×4처럼 같은 수를 여러 번 쓸 수 있어.

1×2×8, 2×8×1과 같이 순서만 바뀐 것은 한 가지로 봐.

분수와 소수는 사용할 수 없어.

# 5 순서가 있는 가짓수

노크에 나오는 꼬마 요괴는 모두 열둘입니다.

부하 요괴 열둘이 한 줄로 서 있군.

매일 다른 방법으로 줄을 세워 봐야겠군. 한 1년쯤 걸리겠지.

요괴 열둘을 한 줄로 세우는 방법은 300가지쯤 되겠지. 1년 안에 끝나겠군.

아니야. 3000가지쯤 될 걸. 10년쯤 걸릴 거야.

그보다 훨씬 많을 거야. 100년쯤 걸릴 거야.

아인이가 계산기를 사용하여 꼬마 요괴 열두 마리를 한 줄로 세우는 방법의 수를 구합니다.

한 줄로 세우는 방법은 총 479001600가지야. 4억이 넘는군.

하루에 한 번씩 다른 줄로 세우면 약 130만년이 걸리겠군.

**❶** 한입 요괴, 장난 요괴, 울보 요괴가 한 줄로 서는 경우를 나뭇가지 그림으로 나타내시오.

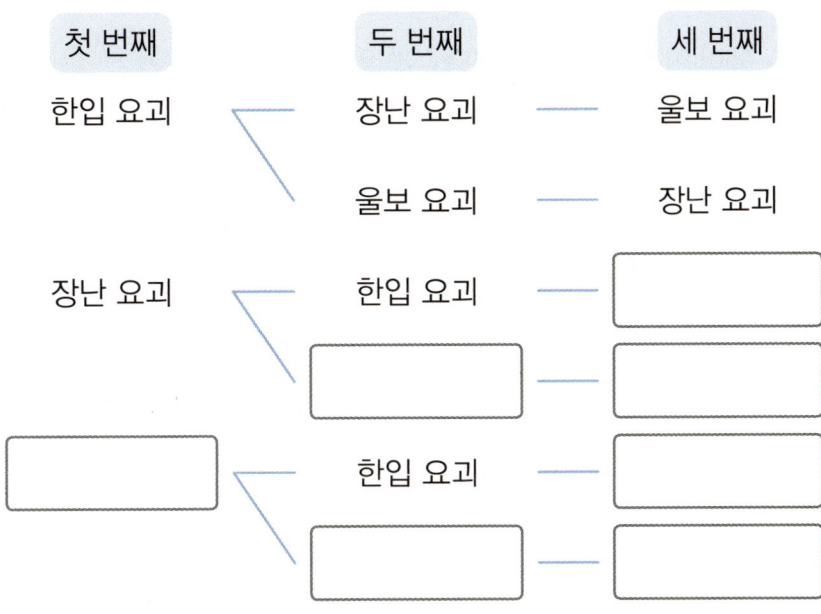

|  첫 번째  |  두 번째  |  세 번째  |
|---|---|---|
| 한입 요괴 | 장난 요괴 | 울보 요괴 |
|  | 울보 요괴 | 장난 요괴 |
| 장난 요괴 | 한입 요괴 |  |
|  |  |  |
|  | 한입 요괴 |  |
|  |  |  |

**❷** 한입 요괴, 장난 요괴, 울보 요괴가 한 줄로 서는 방법의 수를 곱셈을 이용하여 구할 수 있습니다. □ 안에 알맞은 수를 써넣으시오.

$$\boxed{3} \times \boxed{\phantom{0}} \times \boxed{\phantom{0}} = \boxed{\phantom{0}} \text{(가지)}$$

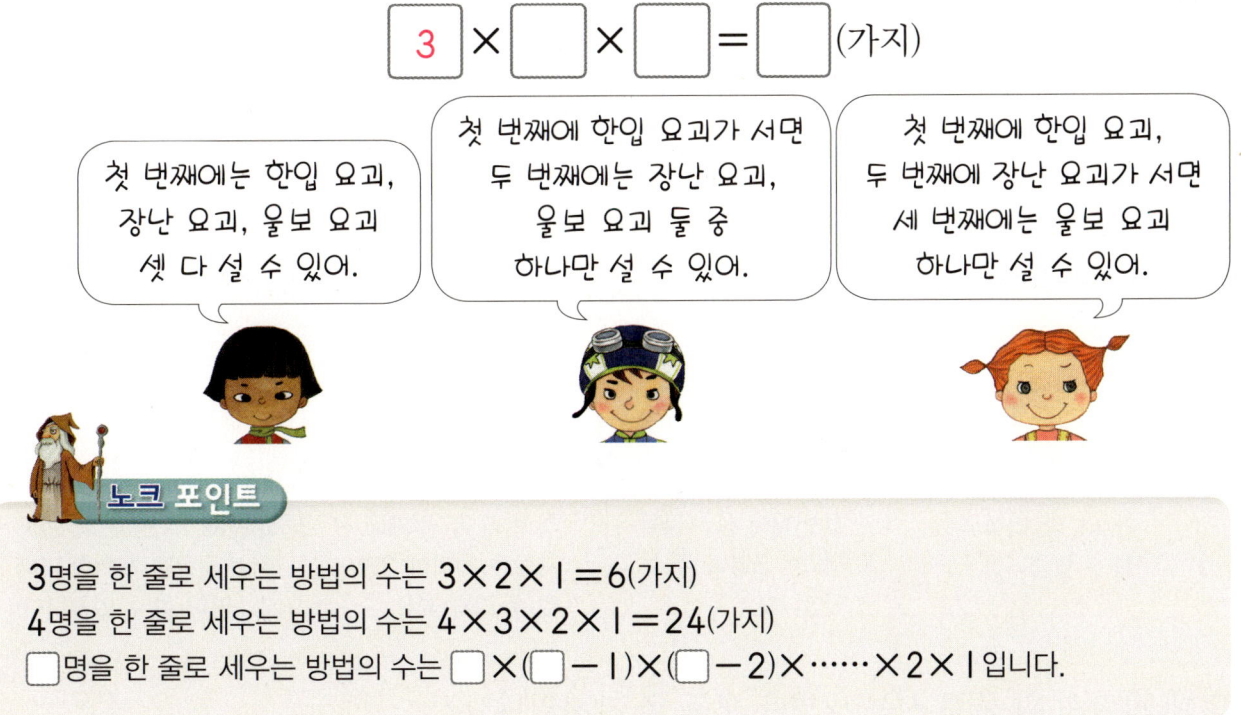

첫 번째에는 한입 요괴, 장난 요괴, 울보 요괴 셋 다 설 수 있어.

첫 번째에 한입 요괴가 서면 두 번째에는 장난 요괴, 울보 요괴 둘 중 하나만 설 수 있어.

첫 번째에 한입 요괴, 두 번째에 장난 요괴가 서면 세 번째에는 울보 요괴 하나만 설 수 있어.

**노크 포인트**

3명을 한 줄로 세우는 방법의 수는 $3 \times 2 \times 1 = 6$(가지)
4명을 한 줄로 세우는 방법의 수는 $4 \times 3 \times 2 \times 1 = 24$(가지)
□명을 한 줄로 세우는 방법의 수는 $\boxed{\phantom{0}} \times (\boxed{\phantom{0}} - 1) \times (\boxed{\phantom{0}} - 2) \times \cdots\cdots \times 2 \times 1$ 입니다.

 # 줄 세우기

가, 나, 다, 라 네 사람이 한 줄로 서는 방법은 모두 몇 가지인지 알아봅시다.

❶ 첫 번째 서는 사람이 **가, 나, 다, 라**인 경우 각각의 나뭇가지 그림을 완성하시오.

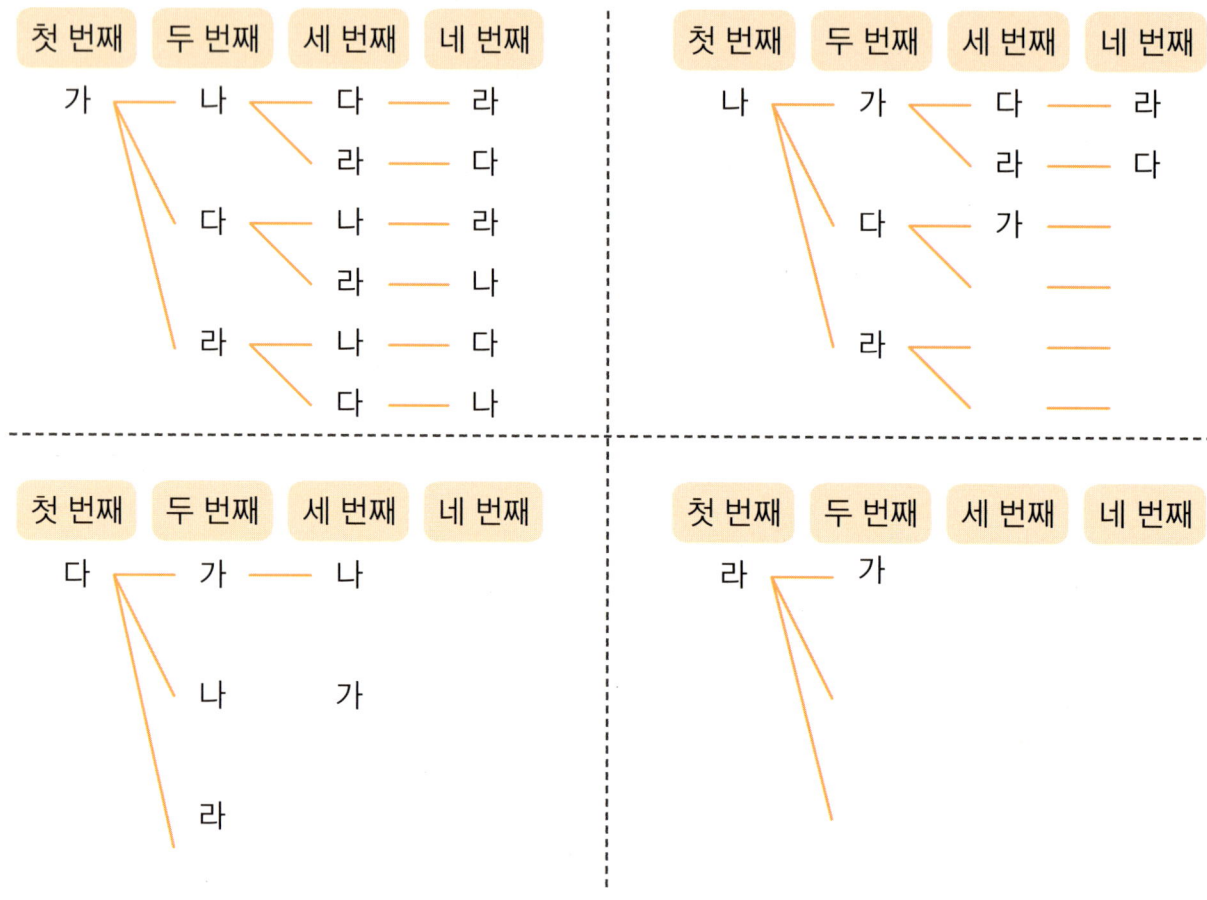

❷ 곱셈을 이용하여 네 사람이 한 줄로 서는 방법의 수를 구하려고 합니다. ☐ 안에 알맞은 수를 써넣으시오.

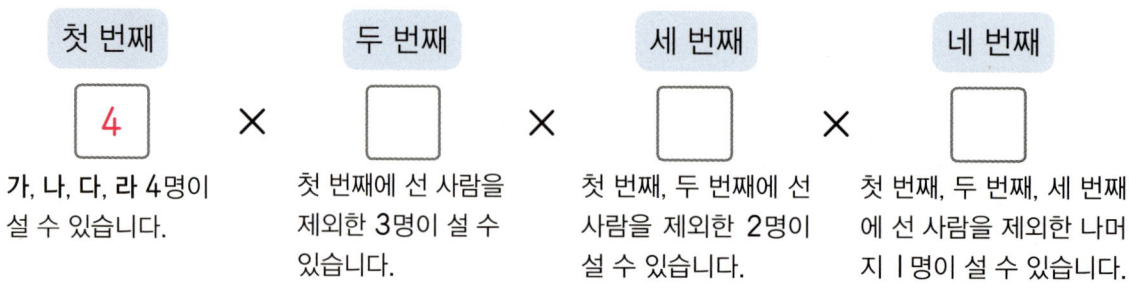

❸ 네 사람이 한 줄로 서는 방법은 모두 몇 가지입니까?

[네 자리 수 만들기]
**1** 다음 숫자 카드를 한 번씩 모두 사용하여 만들 수 있는 네 자리 수는 모두 몇 개입니까?

1279, 1297, 1729······
4명을 한 줄로 세우는
방법의 수와 같군.

[쌓기나무 한 줄로 쌓기]
**2** 5가지 색의 쌓기나무가 있습니다. 이 쌓기나무를 한 줄로 쌓는 방법은 모두 몇 가지
입니까?

## 색칠하는 방법의 수

4개의 사각형으로 이루어진 도형을 빨간색, 파란색, 노란색, 초록색 4가지 색으로 색칠하려고 합니다. 이웃하는 칸은 같은 색으로 칠할 수 없고, 모든 색을 다 쓰지 않아도 됩니다. 색칠하는 방법의 수를 구해 봅시다.

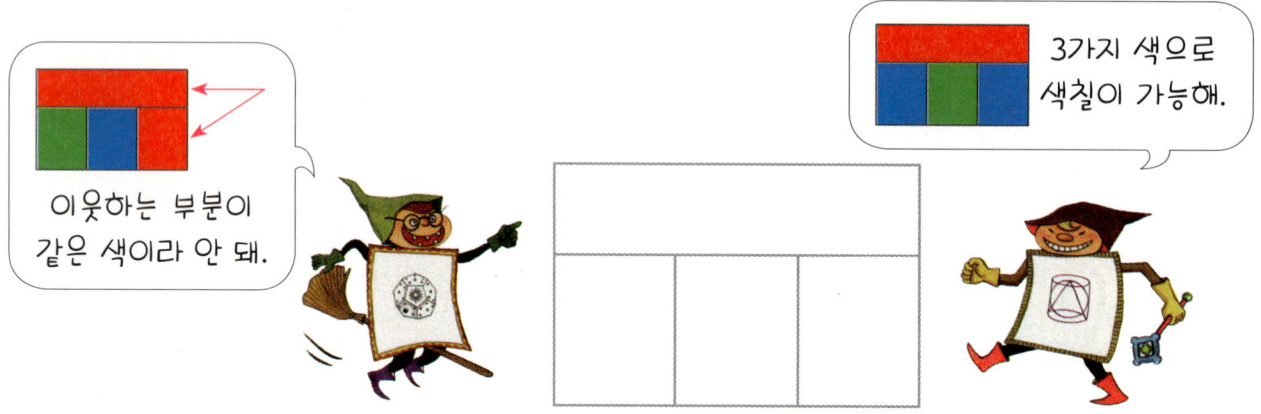

❶ ㉠에 칠할 수 있는 색은 4가지입니다. ㉡에 칠할 수 있는 색의 가짓수를 ☐ 안에 써넣으시오.

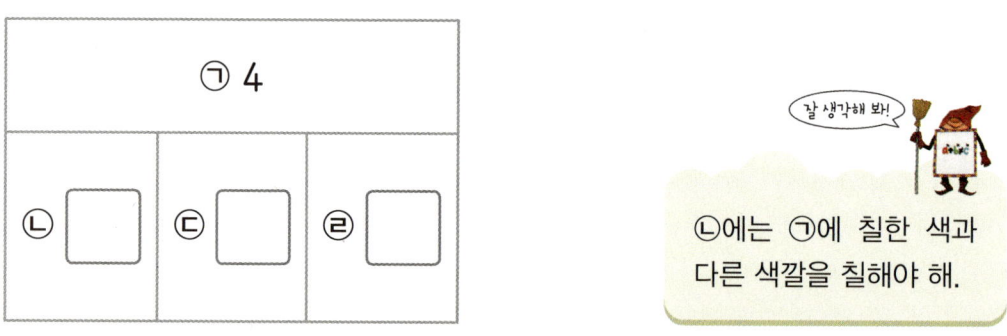

㉡에는 ㉠에 칠한 색과 다른 색깔을 칠해야 해.

❷ ㉢에는 ㉠과 ㉡에 칠한 색과 같은 색을 칠할 수 없고, ㉣은 ㉠과 ㉢에 칠한 색과 같은 색을 칠할 수 없습니다. ㉢과 ㉣에 칠할 수 있는 색의 가짓수를 ☐ 안에 써넣으시오.

❸ 색칠하는 방법의 수를 구하시오.

☐ × ☐ × ☐ × ☐ = ☐ (가지)

**1** [4개의 원 색칠하기]

다음 4개의 원에 빨간색, 파란색, 노란색, 초록색을 색칠하는 서로 다른 방법은 모두 몇 가지입니까? (단, 이웃하는 원은 같은 색으로 칠할 수 없고, 모든 색을 다 쓰지 않아도 됩니다.)

빨간색, 파란색 2가지 색깔로도 모두 색칠할 수 있어.

**2** [5칸 색칠하기]

다음과 같이 5개의 칸으로 나누어진 원이 있습니다. 4가지 다른 색이 있고 이웃한 부분은 서로 다른 색을 칠한다고 할 때, 색칠할 수 있는 서로 다른 방법은 모두 몇 가지입니까?

㉠에는 4가지 색, ㉡에는 3가지 색, ㉢에는 2가지 색을 칠할 수 있어.

# 6 순서가 없는 가짓수

울보 요괴가 자전거를 타려고 하는데 갑자기 자물쇠 비밀번호가 생각이 나지 않습니다.

어떡해, 자물쇠 비밀번호를 잊어버렸어. 1부터 6까지의 수 중 2개로 이루어진 수였는데.

12, 13, 14, 15……
나뭇가지 그림을 그려 보니 경우의 수가 너무 많아.
순서가 있는 가짓수에서 배웠는데 6×5=30(개) 수가 있어.

만일 비밀번호가 1과 2로 이루어져 있다면 12를 눌러도, 21을 눌러도 자물쇠는 열려. 그러니까 숫자의 순서는 관계 없겠지!

귀찮게 왜 생각해. 새로 하나 사.

잠만자 요괴

딴짓 요괴

잘난척 요괴

다음 나뭇가지 그림에서 중복되는 경우를 모두 지우시오. 중복된 경우는 모두 몇 가지입니까?
또, 최대한 몇 번을 시도하면 자전거의 자물쇠를 열 수 있습니까?

```
 1 ─ 2      2 ─ ✕      3 ─ ✕      4 ─ 1      5 ─ 1      6 ─ 1
   ─ 3        ─ 3        ─ ✕        ─ 2        ─ 2        ─ 2
   ─ 4        ─ 4        ─ 4        ─ 3        ─ 3        ─ 3
   ─ 5        ─ 5        ─ 5        ─ 5        ─ 4        ─ 4
   ─ 6        ─ 6        ─ 6        ─ 6        ─ 6        ─ 5
```

🌀 숫자카드 4장 중에서 2장을 뽑아 한 줄로 나열하는 경우와 뽑은 2장의 카드를 작은 수부터 한 줄로 나열하는 경우의 수를 각각 구하시오.

작은 수부터 한 줄로 나열한다는 것은 순서가 없다는 거야!

$\boxed{1}$ $\boxed{3}$ $\boxed{5}$ $\boxed{7}$

### 한 줄로 나열하는 경우

1 — 3
    5
    7

3 — 1
    □
    □

5 — □    □ □
    □      □
    □      □

➡ □ × □ = □ (가지)

### 작은 수부터 한 줄로 나열하는 경우

1 — 3
    5
    7

3 — 5
    □

□ — □

➡ □ 가지

![노크 포인트]

**노크 포인트**

□명의 후보 중에서 반장 1명, 부반장 1명을 뽑는 방법의 수는 □×(□−1),
□명의 후보 중에서 대표 2명을 뽑는 방법의 수는 □×(□−1)÷2입니다.
5명의 후보 중에서 반장 1명, 부반장 1명을 뽑는 방법은 5×4=20(가지)이고 대표 2명을 뽑는 방법은 5×4÷2=10(가지)입니다.
악수의 횟수, 리그의 경기 수, 원 위의 두 점을 잇는 선분의 개수는 대표 2명을 뽑는 방법의 수와 같습니다.

# 대표를 뽑는 방법의 수

태경이네 반에서 학급 대표를 뽑기 위해 선거를 합니다. 5명의 후보 중에서 다음과 같이 학급 대표를 뽑는다고 할 때 뽑는 방법의 수를 알아봅시다.

| 반장 1명, 부반장 1명 | 대표 2명 |
| --- | --- |

가, 나 두 후보가 뽑혔을 때 가가 반장, 나가 부반장인 경우와 나가 반장, 가가 부반장인 경우 두 가지가 있어.

가, 나 두 후보가 대표 2명으로 뽑혔을 때 반장, 부반장의 구분이 없으므로 한 가지 방법 밖에 없어.

❶ 다음은 **가, 나, 다, 라, 마** 5명 중 반장과 부반장을 뽑는 경우를 나뭇가지 그림으로 나타낸 것의 일부입니다. 반장 1명, 부반장 1명을 뽑는 방법의 수를 구하시오.

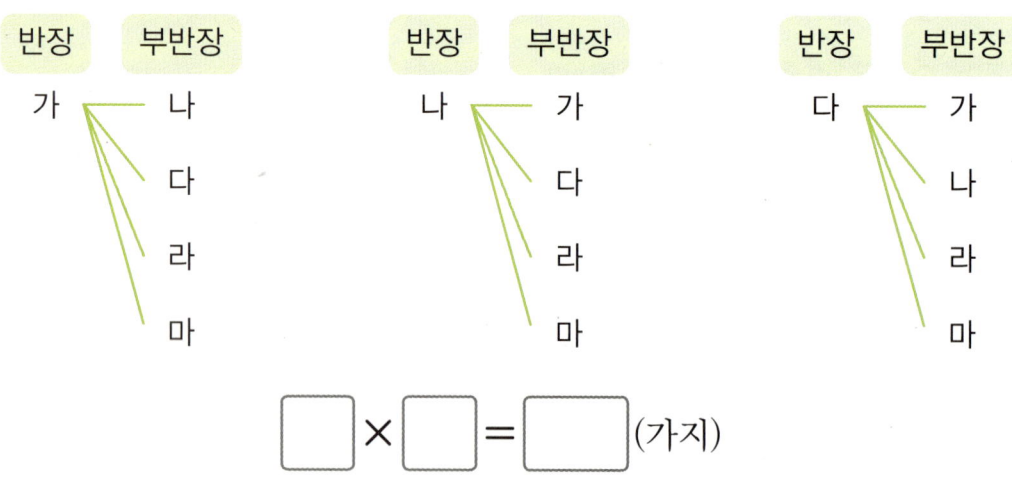

| 반장 | 부반장 |   | 반장 | 부반장 |   | 반장 | 부반장 |
| --- | --- | --- | --- | --- | --- | --- | --- |
| 가 | 나 |   | 나 | 가 |   | 다 | 가 |
|   | 다 |   |   | 다 |   |   | 나 |
|   | 라 |   |   | 라 |   |   | 라 |
|   | 마 |   |   | 마 |   |   | 마 |

$$\boxed{\phantom{0}} \times \boxed{\phantom{0}} = \boxed{\phantom{0}} \text{(가지)}$$

❷ 대표 2명을 뽑는 경우는 반장, 부반장의 구분이 없으므로 ❶에서 구한 방법의 수를 2로 나눕니다. 대표 2명을 뽑는 방법의 수를 구하시오.

$$\boxed{\phantom{0}} \div 2 = \boxed{\phantom{0}} \text{(가지)}$$

[책 고르기]

**1** 학급 문고에 있는 6권의 책을 한 번에 2권씩 빌릴 수 있다고 합니다. 책을 빌리는 방법은 모두 몇 가지입니까?

6명 중에서 대표 2명을 뽑는 방법의 수와 같아.

[대표 뽑기]

**2** 꼬마 요괴 열둘이 대마왕에게 요구 사항을 전달할 대표 2명을 뽑기로 하였습니다. 요괴 열둘 중에서 대표 2명을 뽑는 방법은 모두 몇 가지입니까?

$$\boxed{\phantom{0}} \times \boxed{\phantom{0}} \div \boxed{\phantom{0}} = \boxed{\phantom{0}} \text{(가지)}$$

우리의 요구 사항을 대마왕에게 전달해야 해.

혼자서는 무서워서 안 돼. 2명이 가야 해.

## 악수하는 횟수

회의장에 모인 8명이 서로 한 번씩 빠짐없이 악수를 했습니다. 악수를 모두 몇 번 한 것인지 알아봅시다.

❶ ①번 사람은 자기 자신을 제외한 나머지 사람들과 모두 한 번씩 악수를 합니다. ①번 사람은 몇 번 악수를 하게 됩니까?

❷ 회의장에 있는 8명 모두 ①번 사람과 같은 횟수만큼 악수를 합니다. 그런데 악수는 두 사람이 하는 것이므로 악수의 총 횟수는 2로 나누어야 합니다. 악수의 횟수를 구하시오.

8명이 각각 7번씩 하니까 악수를 모두 8×7=56(번) 하는군.

아니야. 악수는 두 사람이 하는 것이니 반으로 나누어야지.

신기하다. 악수의 횟수는 8명 중에서 2명의 대표를 뽑는 방법의 수와 같아.

**1** [리그의 경기 수]
경기에 참가한 팀이 다른 팀과 모두 한 번씩 경기를 하여 우승자를 가리는 경기 방식을 리그라고 합니다. 7개 팀이 리그 방식으로 경기를 할 때 모두 몇 번의 경기를 하게 됩니까?

7명이 악수를 하는 횟수와 같군.

**2** [원 위의 선분]
다음 원 위의 두 점을 이어서 만들 수 있는 서로 다른 선분은 모두 몇 개입니까?

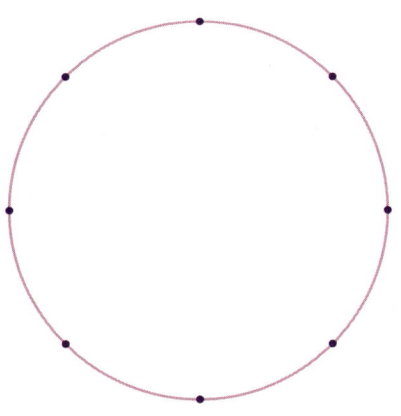

# 창의적 문제해결력

**1** 4를 두 수 또는 세 수의 합으로 나타내는 방법은 3가지입니다. 같은 방법으로 6을 나타내는 방법은 모두 몇 가지입니까? (단, 0은 사용할 수 없고, 더하는 순서만 바뀐 것은 한 가지로 봅니다.)

① 4=1+3　　② 4=2+2　　③ 4=1+1+2

수가 2개,
3개일 때로
나누어 생각해.

**2** 마법 나라에서는 깃발의 순서에 따라 나타내는 신호가 모두 다릅니다. 다음 4개의 깃발로 나타낼 수 있는 신호는 모두 몇 가지입니까?

대마왕이
나타난다는
신호야.

**3** 한 모둠의 10명의 학생 중 다음과 같이 2명을 뽑는 방법의 수를 구하시오.

**①** 회장 1명, 부회장 1명       **②** 청소 당번 2명

청소 당번 2명은 뽑히는 순서가 중요하지 않지.

**4** 모임에 참가한 5쌍의 부부가 한 명씩 모두 서로 악수를 합니다. 부부끼리는 악수를 하지 않는다고 할 때 총 악수의 횟수를 구하시오.

부부끼리는 악수를 하지 않아.

10명의 사람들이 악수를 했어.

# Chapter

# 3

# 확률의 기초

# 7 사건이 일어날 가능성

꼬마 요괴들이 사건이 일어날 가능성에 대해 이야기하고 있습니다.

내일 아침에는 서쪽에서 해가 뜰 거야.

해는 항상 동쪽에서 떠. 불가능해.

동전을 던지면 숫자면이 나올 거야.

숫자면과 그림면이 나올 가능성은 같아. 숫자면이 나올 가능성은 반반이야.

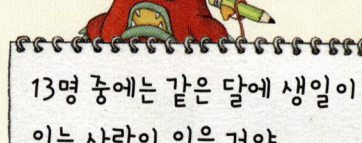

13명 중에는 같은 달에 생일이 있는 사람이 있을 거야.

1년은 12달이야. 13명이면 최소 그 중에 2명은 같은 달에 생일이 있어. 확실해.

다음 사건이 일어날 가능성에 맞게 선으로 이으시오.

동전을 던지면 공중에 떠서 떨어지지 않을 거야.

• 확실하다.

• 반반이다.

367명의 사람들 중에 생일이 같은 달에 있는 사람이 있어.

• 불가능하다.

상자 안에 금화 또는 은화가 4개 들어 있습니다. 상자 안에서 동전 하나를 꺼낼 때 금화가 나올 가능성에 ○표 하시오.

| 상자 | 불가능하다 | 가능성이 작다 | 가능성이 반반이다 | 가능성이 크다 | 확실하다 |
|---|---|---|---|---|---|
|  |  |  |  |  | ○ |
|  |  |  |  |  |  |
|  |  |  |  |  |  |
|  |  |  |  |  |  |
|  |  |  |  |  |  |

**노크 포인트**

가능성은 어떠한 상황에서 특정한 사건이 일어나는 것을 기대할 수 있는 정도를 말합니다.
다음 회전판을 돌렸을 때

 ➡ 5가 나올 가능성은 없습니다.
5보다 작은 수가 나올 가능성은 확실합니다.
1이 나올 가능성은 작습니다.
1보다 큰 수가 나올 가능성은 큽니다.

가능성은 $0$, $\dfrac{1}{4}$, $\dfrac{1}{2}$, $\dfrac{3}{4}$, $1$과 같은 수로 표현할 수 있습니다.

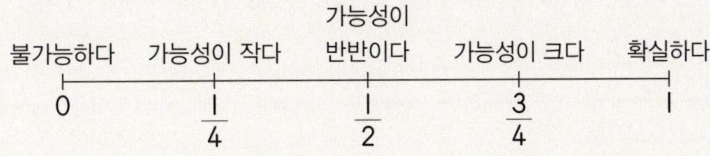

# 주머니 속 바둑돌

주머니에 검은색 바둑돌 3개와 흰색 바둑돌 1개가 있습니다.

❶ 바둑돌에 번호를 매겼습니다. 바둑돌 2개를 뽑을 때 나올 수 있는 경우는 모두 몇 가지입니까? 나뭇가지 그림으로 알아보시오.

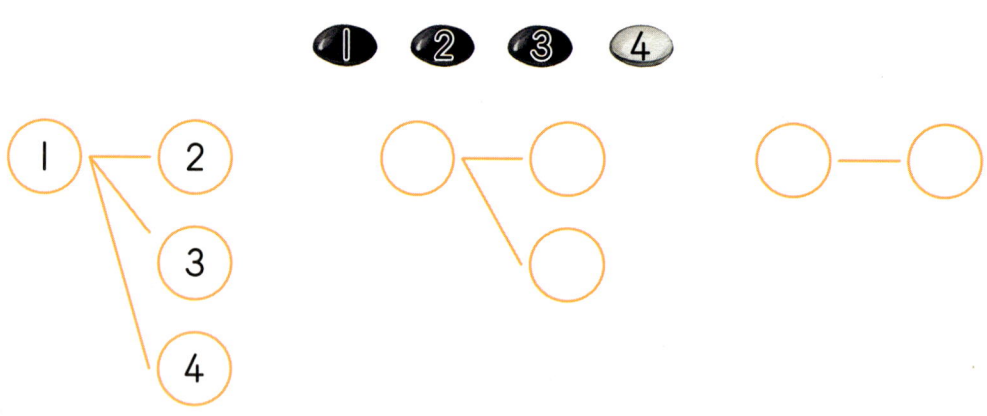

❷ 같은 색 바둑돌이 나오는 경우는 몇 가지입니까?

❸ 꺼낸 바둑돌이 같은 색일 가능성을 수직선에서 찾아 ◯표 하시오.

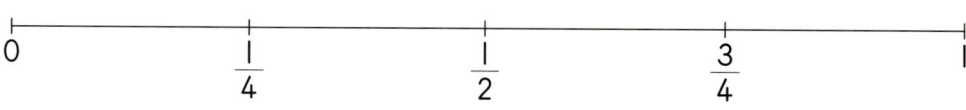

**1** 노란색 공과 초록색 공이 들어 있는 주머니에서 공 1개를 꺼내려고 합니다. 노란색 공을 꺼낼 가능성에 맞게 주머니와 수직선을 선으로 이으시오.

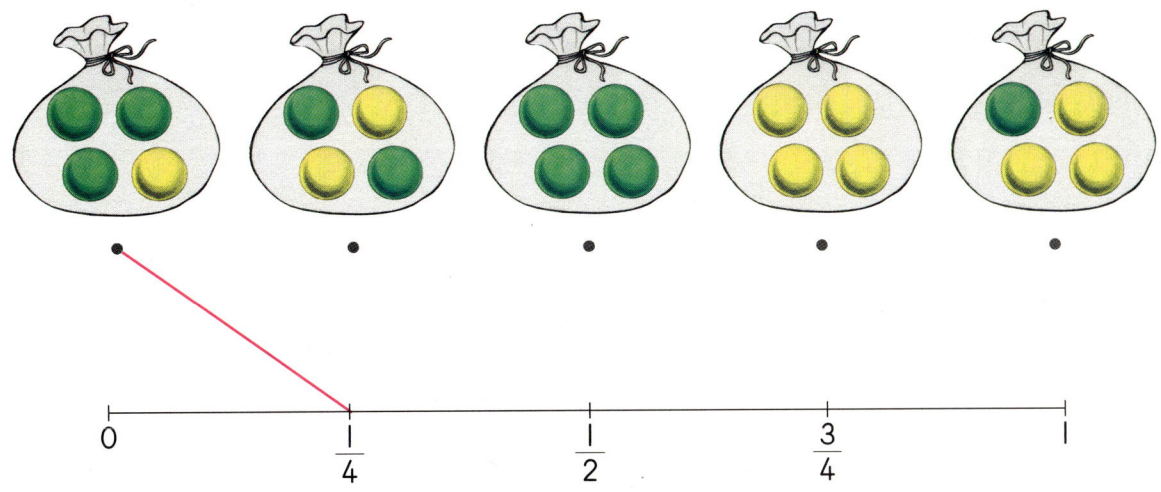

**2** 상자에 금화 2개와 은화 1개가 들어 있습니다. 상자 속을 보지 않고 동전 2개를 꺼낼 때, 같은 색의 동전이 나올 가능성과 다른 색의 동전이 나올 가능성 중 어느 가능성이 더 큽니까?

 **혈액형**

사람의 혈액형은 A형, B형, AB형, O형 4가지이고 각 혈액형의 유전자 구성은 오른쪽 표와 같습니다.

| 혈액형 | 유전인자 |
|:---:|:---:|
| A형 | AA, AO |
| B형 | BB, BO |
| AB형 | AB |
| O형 | OO |

자녀의 혈액형은 부모의 유전인자를 하나씩 받아 혈액형이 정해집니다. 다음은 유전인자가 AO인 아버지와 BO인 어머니 사이에서 태어날 수 있는 자녀의 혈액형입니다. 아버지가 AB형, 어머니가 B형일 때 그 자녀의 혈액형이 될 가능성이 큰 순서대로 혈액형을 쓰시오.

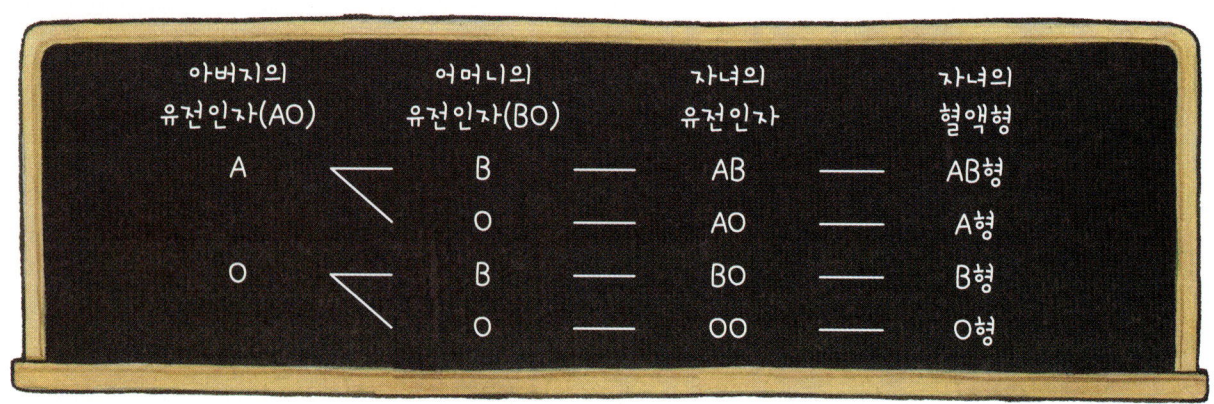

❶ AB형의 유전인자는 AB이고, B형의 유전인자는 BB 또는 BO입니다. 나뭇가지 그림을 완성하시오.

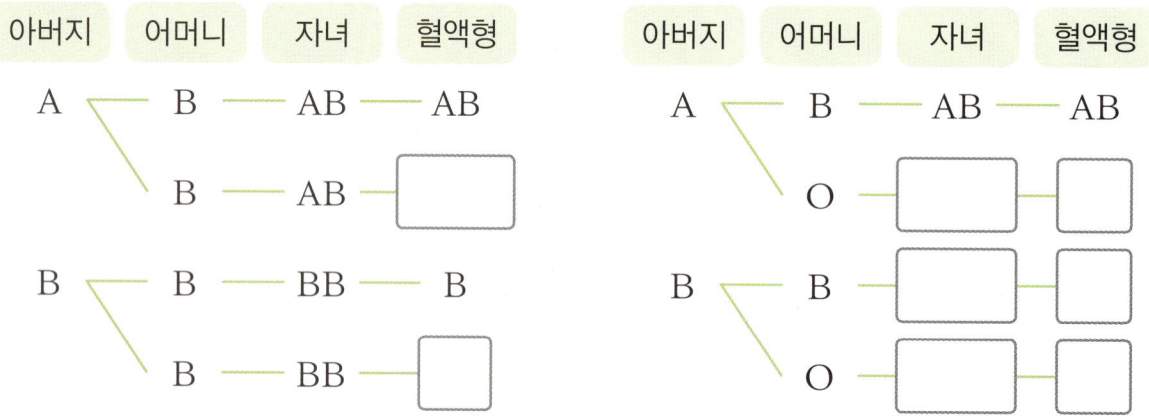

❷ 자녀의 혈액형이 될 가능성이 큰 혈액형부터 차례로 쓰시오.

**[혈액형의 가능성 1]**

**1** 아버지가 AB형, 어머니가 O형일 때 자녀의 혈액형이 A형, B형, AB형, O형일 가능성을 수로 나타내시오.

A형: [  ]  B형: [  ]  AB형: [  ]  O형: [  ]

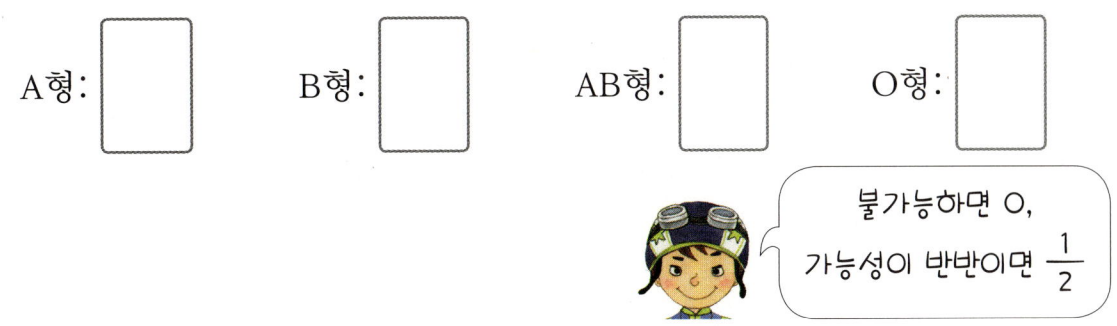

불가능하면 0,
가능성이 반반이면 $\frac{1}{2}$

**[혈액형의 가능성 2]**

**2** 아버지는 유전인자가 AO인 A형이고 어머니는 AB형입니다. 태어난 자녀의 혈액형이 될 가능성이 가장 큰 혈액형과 가장 작은 혈액형을 차례로 쓰시오.

# 8 가능성의 크기 비교

두 꼬마 요괴가 동전 던지기 게임을 합니다. 멍하니 요괴가 동전을 던지고 딴짓 요괴는 동전의 숫자면 또는 그림면에 돈을 거는 데 해당 면이 나오면 건 돈의 **2**배를 받고, 다른 면이 나오면 건 돈을 멍하니 요괴가 가져갑니다.

5번 게임을 했는데 모두 그림면이 나왔어.

그렇다면 이번에는 숫자면이 나올 가능성이 훨씬 클 거야.

멍하니 요괴

가진 돈을 모두 숫자면에 걸어야겠군.

딴짓 요괴

어떤 사건이 일어날 가능성은 이미 결정되어 있음에도 불구하고 그 사건 전후에 일어난 사건에 의해 영향을 받아 가능성이 변할 것으로 착각하는 것을 도박사의 오류라고 합니다.

**1913**년 모나코의 몬테카를로 카지노에서 검은색과 빨간색을 선택하는 게임이 있었는데 구슬이 무려 **20**번이나 연속으로 검은색을 가리켰습니다.

그러자 많은 사람들이 이제는 구슬이 빨간색을 가리킬 것을 확신하고 빨간색에 돈을 걸었습니다. 그러나 구슬은 **26**번째까지 검은색을 가리킵니다.

많은 사람들이 수많은 돈을 잃은 이 사건에서 '몬테카를로의 오류'라는 말이 생겨났고 도박사의 오류의 대표적인 사건으로 이야기되고 있습니다.

딴짓 요괴에게 '도박사의 오류'에 대해 이야기해 주어야겠어.

멍하니 요괴가 동전을 20번 던졌는데 그림면이 5번, 숫자면이 15번 나왔습니다. 21번째 동전을 던졌을 때 그림면이 나올 가능성을 수직선에서 찾아 ○표 하시오.

불가능하다      가능성이 작다      가능성이 반반이다      가능성이 크다      확실하다

**노크 포인트**

어떤 가능성이 큰지 작은지 판단할 때에는 경우의 수를 따집니다.
주사위를 던졌을 때

3보다 큰 수가 나오는 경우는 4, 5, 6 세 가지이고,

3보다 작은 수가 나오는 경우는 1, 2 두 가지이므로

3보다 큰 수가 나올 가능성이 3보다 작은 수가 나올 가능성보다 큽니다.

짝수가 나오는 경우는 2, 4, 6 세 가지이고,

홀수가 나오는 경우는 1, 3, 5 세 가지이므로

짝수가 나올 가능성과 홀수가 나올 가능성은 같습니다.

# 주사위 2개 던지기

1부터 6까지의 수가 적힌 주사위 2개를 던져 나온 두 수의 합을 구합니다. 합이 될 가능성이 가장 큰 수를 알아봅시다.

(1, 1)이 나오면 두 수의 합은 2. (6, 6)이 나오면 두 수의 합은 12.

두 수의 합은 2부터 12까지의 수야.

❶ 주사위 2개를 던졌을 때 나오는 두 수의 합을 구하려고 합니다. 표를 완성하시오.

| + | 1 | 2 | 3 | 4 | 5 | 6 |
|---|---|---|---|---|---|---|
| 1 | 2 | 3 | 4 |   |   |   |
| 2 | 3 | 4 |   |   |   |   |
| 3 | 4 |   |   |   |   |   |
| 4 |   |   |   |   |   |   |
| 5 |   |   |   |   |   |   |
| 6 |   |   |   |   |   |   |

❷ ❶에서 두 수의 합이 되는 수가 나온 횟수를 구하여 표를 완성하시오.

| 두 수의 합 | 2 | 3 | 4 | 5 | 6 | 7 | 8 | 9 | 10 | 11 | 12 |
|---|---|---|---|---|---|---|---|---|---|---|---|
| 횟수 | 1 | 2 | 3 |   |   |   |   |   |   |   |   |

❸ 합이 될 가능성이 가장 큰 수는 무엇입니까?

[홀수와 짝수가 나올 가능성]

**1** 주사위 2개를 던져서 나오는 두 수를 곱하면 홀수와 짝수 중 어떤 수가 나올 가능성이 더 큽니까?

두 수의 곱은
3X6=18이므로 짝수야.

두 수의 곱은
3X5=15이므로 홀수야.

[주사위 두 수의 차]

**2** 주사위 2개를 던져서 나오는 두 수의 차를 구하고, 차가 될 가능성이 가장 큰 수를 쓰시오.

| − | 1 | 2 | 3 | 4 | 5 | 6 |
|---|---|---|---|---|---|---|
| 1 | 0 | 1 | 2 |   |   |   |
| 2 | 1 | 0 |   |   |   |   |
| 3 | 2 |   |   |   |   |   |
| 4 |   |   |   |   |   |   |
| 5 |   |   |   |   |   |   |
| 6 |   |   |   |   |   |   |

## 🐲 유리한 원판

꼬마 요괴 셋이 1부터 9까지의 수 중에서 세 수씩 선택하여 원판에 써넣었습니다. 둘씩 대결하여 화살을 쏘는데 더 큰 수를 맞히면 이깁니다. 게임에서 이길 가능성이 가장 큰 요괴를 알아봅시다. (단, 한 원판 위에서 세 수를 맞힐 가능성은 모두 같습니다.)

| 9만 맞히면 무조건 이겨. | | 난 1만 안 맞히면 돼. |

장난 요괴          딴짓 요괴          한입 요괴

❶ 장난 요괴와 딴짓 요괴가 대결을 할 때 두 요괴가 맞힌 수별로 이긴 요괴를 써넣은 것입니다. 장난 요괴와 딴짓 요괴 중 누가 승리할 가능성이 큽니까?

| 장난 요괴 \ 딴짓 요괴 | 4 | 5 | 6 |
|---|---|---|---|
| 2 | 딴짓 요괴 | 딴짓 요괴 | 딴짓 요괴 |
| 3 | 딴짓 요괴 | 딴짓 요괴 | 딴짓 요괴 |
| 9 | 장난 요괴 | 장난 요괴 | 장난 요괴 |

❷ ❶과 같은 방법으로 장난 요괴와 한입 요괴, 딴짓 요괴와 한입 요괴의 대결을 알아보시오. 승리할 가능성이 큰 것은 각각 누구입니까?

| 장난 요괴 \ 한입 요괴 | 1 | 7 | 8 |
|---|---|---|---|
| 2 | 장난 요괴 | | |
| 3 | | | |
| 9 | | | |

| 딴짓 요괴 \ 한입 요괴 | | | |
|---|---|---|---|
| | | | |
| | | | |
| | | | |

**1** [승리할 가능성이 높은 원판]
각각 5개의 수가 적힌 원판이 있습니다. 화살을 쏘아 더 큰 수를 맞히면 이긴다고 할 때, 어느 원판을 고르는 것이 승리할 가능성이 높습니까?

가             나

나 원판은 0과 1이 나오면 무조건 지고 9와 8이 나오면 무조건 이겨.

**2** [주머니 선택]
주머니에 수 구슬이 3개씩 있습니다. 두 사람이 주머니를 1개 선택하여 구슬을 하나 꺼낼 때 더 큰 수가 나오면 이깁니다. 어떤 주머니를 고르면 이길 가능성이 가장 큽니까?

노란색 주머니        분홍색 주머니        파란색 주머니

# 9 확률

딴소리 요괴와 멍하니 요괴가 주사위를 던져서 큰 수가 나오면 이기는 게임을 합니다.
10번 먼저 이기면 피자를 모두 먹기로 하였습니다.

내가 9번 이겼어.
이제 1번만 더 이기면
피자는 모두 내 거야.

난 7번 이겼어.
3번을 연속해서
이겨야 해.

딴소리 요괴

멍하니 요괴

그런데 주사위가 구멍에 빠져 버려서 더이상 게임을 할 수 없게 되었습니다.

내가 더 많이
이겼으니 피자는
모두 내 거야.

앞일은 모르는 건데
이런 게임은
무효로 해.

두 요괴가 서로 옳다고 우기는데 아인이는 공평하게 나눌 방법이 있다고 합니다.

딴소리 요괴가 1번, 멍하니
요괴가 3번을 이겨야 해.
그러면 경기는 3번 안에
결정나게 되어 있어.

경기를 3번 할 때
나오는 경우는 8가지가 있어.
그 경우를 따져서
분배를 하면 공평해.

아인

3번의 게임을 할 때 나올 수 있는 경우의 수는 모두 8가지입니다. 아인이의 방법대로 피자를 나누는 방법을 분수로 나타내시오.

어떤 일이 일어날 수 있는 가능성의 정도를 **확률**이라고 합니다.

$$(확률) = \frac{(어떤\ 일이\ 일어나는\ 경우의\ 수)}{(모든\ 경우의\ 수)}$$

주사위를 던졌을 때 주사위의 눈이 나오는 모든 경우의 수는 6가지(1, 2, 3, 4, 5, 6)이고, 짝수가 나올 경우의 수는 3가지(2, 4, 6)이므로 주사위를 던졌을 때 짝수가 나올 확률은 $\frac{3}{6}(=\frac{1}{2})$입니다.

# 간단한 확률 구하기

동전 2개를 던졌을 때 일어날 수 있는 여러 가지 확률을 알아봅시다.

사건이 일어날 가능성을 수로 나타낸 것을 확률이라고 해.

$$\frac{(어떤\ 사건이\ 일어나는\ 경우의\ 수)}{(모든\ 경우의\ 수)}$$

경우의 수는 가짓수를 말하는 거야.

❶ 동전 2개를 던졌을 때 나오는 모든 경우의 수는 4입니다. 동전 2개를 던졌을 때 서로 다른 면이 나오는 경우의 수는 얼마입니까?

| 동전 1 | 숫자면 | 숫자면 | 그림면 | 그림면 |
|---|---|---|---|---|
| 동전 2 | 숫자면 | 그림면 | 숫자면 | 그림면 |

❷ 동전 2개를 던졌을 때 서로 다른 면이 나오는 확률을 구하시오.

$$\frac{(서로\ 다른\ 면이\ 나오는\ 경우의\ 수)}{(모든\ 경우의\ 수)} = \frac{\boxed{\phantom{0}}}{\boxed{\phantom{0}}}$$

❸ 동전 2개를 던졌을 때 동전 2개 모두 그림면이 나올 확률과 숫자면이 나올 확률을 각각 구하시오.

• 그림면이 나올 확률: $\dfrac{\boxed{\phantom{0}}}{\boxed{\phantom{0}}}$          • 숫자면이 나올 확률: $\dfrac{\boxed{\phantom{0}}}{\boxed{\phantom{0}}}$

**1** [주머니 속 공의 확률]
다음 주머니에서 공 하나를 뽑을 때 파란색 공이 나올 확률을 구하시오.

$$\frac{\square}{\square}$$

**2** [주사위 확률]
1부터 6까지의 수가 적힌 주사위 하나를 던집니다. 다음 확률을 구하시오.

① 홀수가 나올 확률: $\dfrac{\square}{6}$

② 4보다 큰 수가 나올 확률: $\dfrac{\square}{\square}$

③ 5가 나올 확률: $\dfrac{\square}{\square}$

잘 생각해 봐!

주사위를 던졌을 때 나올 수 있는 모든 경우의 수는 6이야.

## 파스칼과 드 메레

확률 이론의 기초를 세운 파스칼은 친구 드 메레에게 한 통의 편지를 받습니다. 편지를 보고 가와 나가 내기에서 이길 확률을 각각 구해 봅시다.

> **친애하는 파스칼**
>
> 내가 알고 있는 가, 나 두 사람이 내기를 했다네.
> 게임을 한 번 해서 이기면 1점을 얻는데 먼저 5점을 얻는 사람이 내기에 건 돈을 모두 가져가기로 했어.
> 이 내기에서 가는 3점, 나는 2점을 얻었는데 사정이 생겨 이 게임을 더 이상 할 수 없게 되었지.
> 게임을 무효로 하자니 먼저 3점을 낸 가가 억울하고 가가 이긴 걸로 하기에는 앞일은 어떻게 될지 모르잖는가.

이 게임은 9번 해서 5번을 이기는 9전 5선승제 게임이야.

❶ 남은 게임 4번을 모두 했을 때를 가정하여 게임의 승자를 표에 나타내었습니다. 빈 칸에 최종 승자를 쓰시오.

| | 게임 1 | 게임 2 | 게임 3 | 게임 4 | 최종 승자 |
|---|---|---|---|---|---|
| 1 | 가 | 가 | 가 | 가 | 가 |
| 2 | 가 | 가 | 가 | 나 | 가 |
| 3 | 가 | 가 | 나 | 가 | |
| 4 | 가 | 나 | 가 | 가 | |
| 5 | 나 | 가 | 가 | 가 | |
| 6 | 가 | 가 | 나 | 나 | |
| 7 | 가 | 나 | 가 | 나 | |
| 8 | 나 | 가 | 가 | 나 | |

| | 게임 1 | 게임 2 | 게임 3 | 게임 4 | 최종 승자 |
|---|---|---|---|---|---|
| 9 | 나 | 가 | 나 | 가 | |
| 10 | 나 | 나 | 가 | 가 | |
| 11 | 가 | 나 | 나 | 가 | |
| 12 | 가 | 나 | 나 | 나 | |
| 13 | 나 | 가 | 나 | 나 | |
| 14 | 나 | 나 | 가 | 나 | |
| 15 | 나 | 나 | 나 | 가 | |
| 16 | 나 | 나 | 나 | 나 | |

❷ 가와 나가 이길 확률을 차례로 쓰시오.

[회전판 확률]

**1** 다음과 같은 세 종류의 회전판이 있습니다. 화살표가 색칠한 칸을 가리키게 될 확률을 각각 구하여 ☐ 안에 써넣으시오.

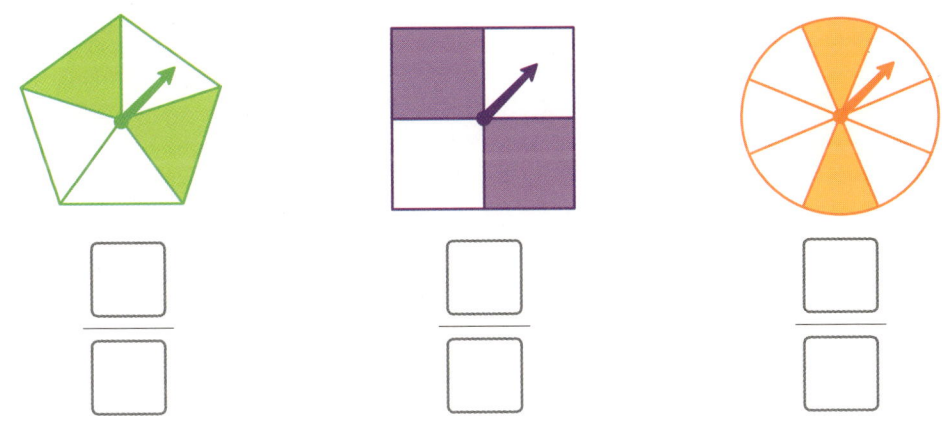

[두 색깔 주사위]

**2** 다음 주사위 2개를 던졌을 때 파란색 주사위의 수가 초록색 주사위의 수보다 큰 수가 나올 확률을 구하시오.

 # 창의적 문제해결력

**1** 다트를 던져 과녁판의 파란색을 맞힐 가능성에 맞게 과녁판과 수직선을 선으로 이으시오.

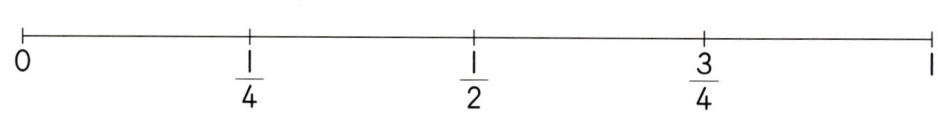

$$0 \qquad \frac{1}{4} \qquad \frac{1}{2} \qquad \frac{3}{4} \qquad 1$$

**2** 아버지가 A형, 어머니가 O형일 때 자녀의 혈액형이 나올 확률을 구하시오.

A형: ☐    B형: ☐    AB형: ☐    O형: ☐

> A형의 유전인자는
> AA, AO 두 가지가 있고
> O형의 유전인자는
> OO 한 가지야.

**3** 마주 보는 면의 수가 같은 주사위 3개가 있습니다. 두 사람이 주사위를 각각 하나씩 골라 던져서 큰 수가 나오면 이기는 게임을 합니다.

> 마주 보는 면의 수가 같으니까 한 주사위에는 3개의 수가 적혀 있는 거야.

> 마방진의 세 수군. 합이 모두 15로 같아.
>
> | 8 | 1 | 6 |
> | 3 | 5 | 7 |
> | 4 | 9 | 2 |

❶ 두 사람이 각각 빨간색 주사위와 파란색 주사위를 하나씩 골랐습니다. 어떤 주사위를 고른 사람이 이길 가능성이 큽니까?

❷ 상대방이 파란색 주사위를 고를 때 어떤 주사위를 고르는 것이 이길 가능성이 큽니까?

❸ 상대방이 초록색 주사위를 고를 때 어떤 주사위를 고르는 것이 이길 가능성이 큽니까?

# Chapter 4

# 평균과 그래프

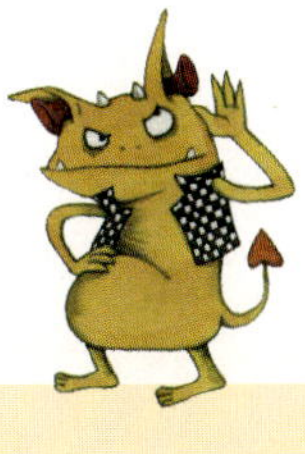

# 꺾은선그래프

아이들이 주제를 정해서 꺾은선그래프를 그렸습니다.

최근 6년 동안 해가 갈수록 졸업생 수가 줄어들고 있어.

우리 학교 졸업생 수

아인

오전 11시부터 오후 4시까지 교실의 온도를 재었어. 오후 2시에 온도가 가장 높아.

교실의 온도

지오

6살부터 현재까지의 내 몸무게야. 계속 늘어나고 있어.

나의 몸무게

태경

아이들이 그린 꺾은선그래프를 찾아 그래프의 제목을 쓰시오.

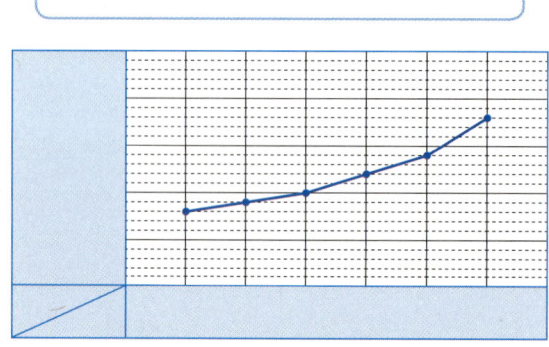

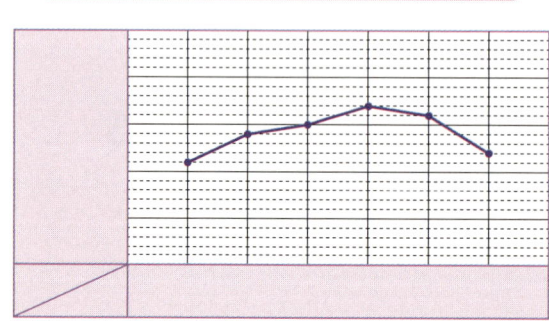

그래프의 제목과 가로, 세로 눈금을 지워버렸어.

교실의 온도를 매월 1일 12시에 조사하여 꺾은선그래프로 나타내었습니다. 물음에 답하시오.

**교실의 온도**   (매월 1일 12시 조사)

(°C)

| 온도 \ 월 | 3 | 4 | 5 | 6 | 7 | 8 |

- 6월 1일 12시에 교실의 온도는 몇 °C입니까?

- 세로 눈금 한 칸은 몇 °C를 나타냅니까?

- 가장 기온이 높은 달은 몇 월입니까?

- 온도 변화가 가장 클 때는 몇 월과 몇 월 사이입니까?

**노크 포인트**

연속적으로 변화하는 양을 점으로 찍고 그 점들을 선분으로 연결하여 나타낸 그래프를 꺾은선그래프라고 하며, 시간에 따른 변화를 나타내기에 좋습니다.

꺾은선그래프를 그릴 때에는
① 가로, 세로 눈금을 무엇으로 할지 정한 후 세로 눈금 한 칸의 크기를 정합니다.
② 가로 눈금과 세로 눈금이 만나는 지점에 점을 찍고, 점들을 선분으로 연결합니다.
③ 꺾은선그래프의 제목을 정합니다.

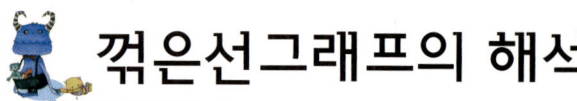

# 꺾은선그래프의 해석

다음 그래프는 어느 해의 1월부터 10월까지 맑은 날과 흐린 날의 수를 조사하여 나타낸 것입니다. 물음에 답하시오.

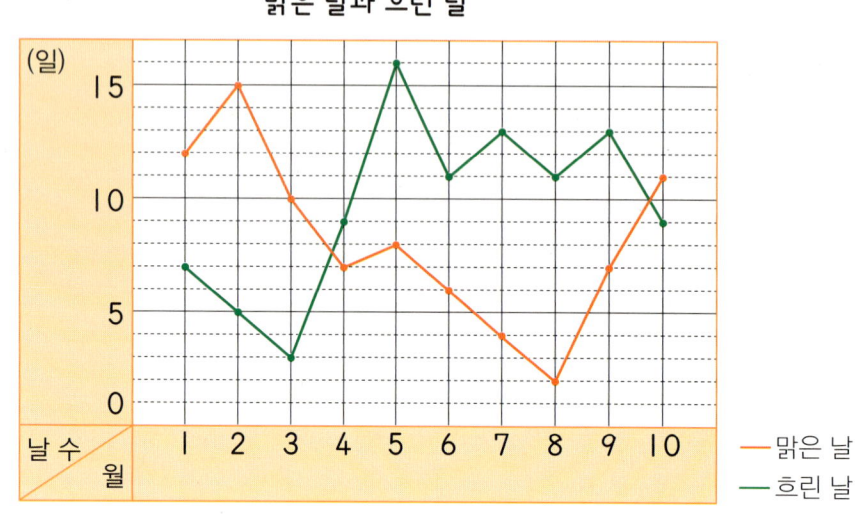

맑은 날과 흐린 날

① 이 해의 2월은 28일까지 있습니다. 2월에는 맑은 날과 흐린 날을 제외한 날에는 모두 비나 눈이 왔다고 할 때, 비나 눈이 온 날은 며칠입니까?

② 맑은 날이 가장 많은 달과 흐린 날이 가장 많은 달을 차례로 쓰시오.

③ 1월부터 10월까지 맑은 날이 흐린 날보다 많은 달은 모두 몇 개월입니까?

④ 맑은 날과 흐린 날을 제외한 나머지 날은 비나 눈이 온 날입니다. 1월부터 10월까지 비나 눈이 가장 적게 온 달은 몇 월입니까?

[초이의 용돈]

**1** 다음은 초이가 I월부터 8월까지 받은 용돈과 쓴 돈을 그래프로 나타낸 것입니다. 물음에 답하시오. (단, 쓰고 남은 돈은 다음 달에 쓸 수 있다고 합니다.)

받은 용돈과 쓴 돈

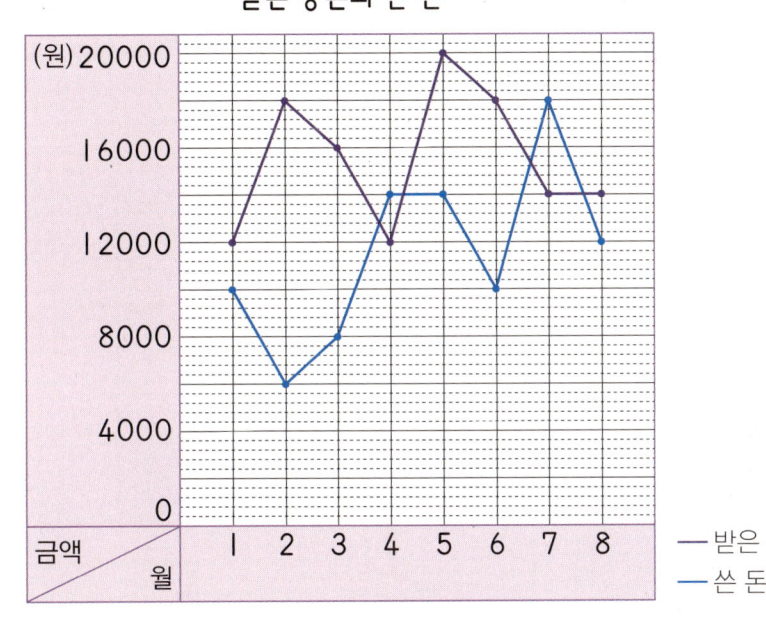

내가 받은 용돈과 쓴 돈을 그래프로 나타내었어.

초이

❶ I월에 받은 용돈은 I2000원이고, 쓴 돈은 I0000원입니다. I월에 남은 돈은 얼마입니까?

❷ 받은 용돈보다 쓴 돈이 더 많은 달은 몇 개월입니까?

❸ 받은 용돈과 쓴 돈의 차이가 가장 많은 달은 몇 월입니까?

❹ I월부터 8월까지 남은 돈은 모두 얼마입니까?

# 잘못된 그래프

잘난척 요괴와 잠만자 요괴가 꺾은선그래프를 그렸습니다. 잘못된 부분을 찾아봅시다.

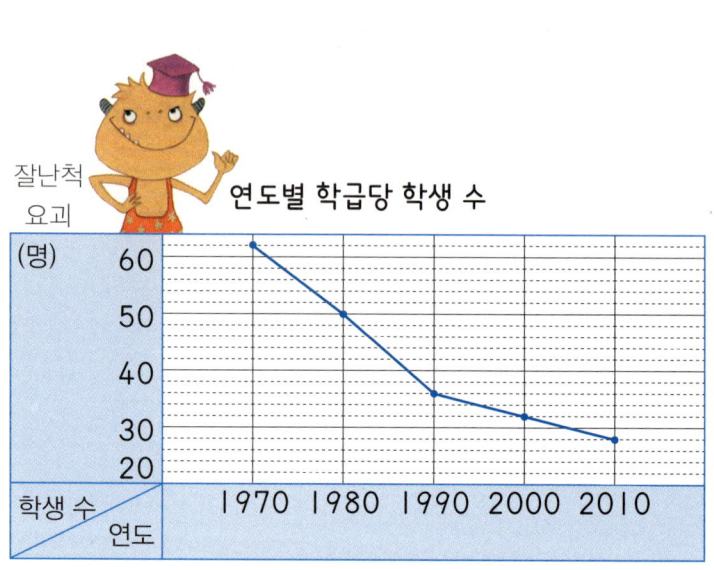

잘난척
요괴

연도별 학급당 학생 수

세로 눈금을
잘 보면 알 수
있겠지.

잘못된 점

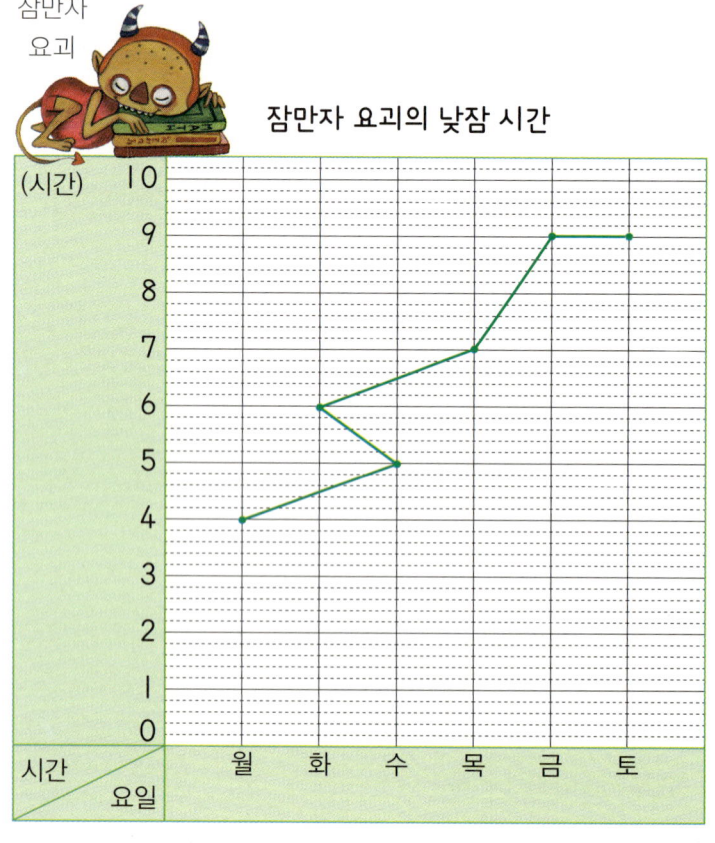

잠만자
요괴

잠만자 요괴의 낮잠 시간

점을 어떻게
연결했는지 보렴.

잘못된 점

[잘못된 부분 찾기]

**1** 꼬마 요괴들이 그린 꺾은선그래프를 보고 잘못된 부분을 찾아 빈 곳에 쓰시오.

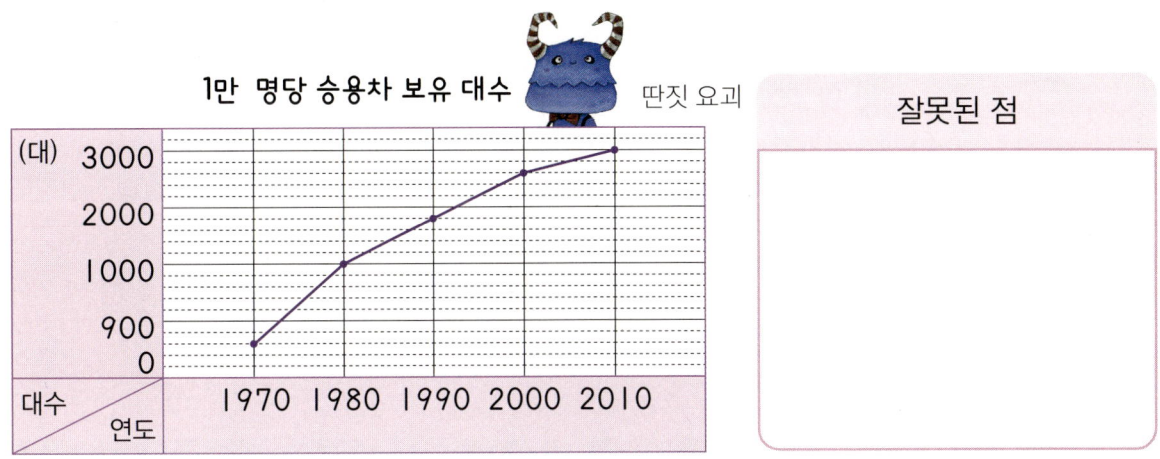

**잘못된 점**

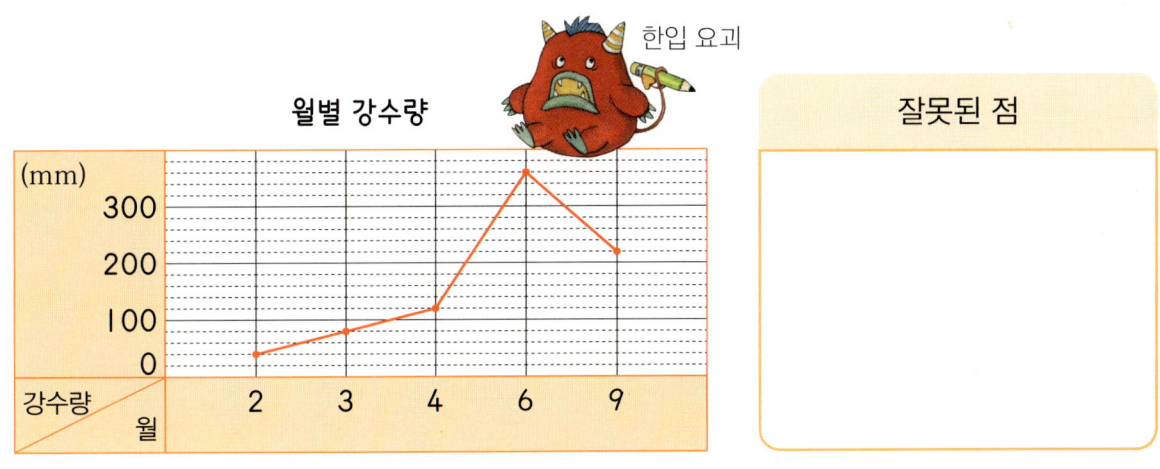

**잘못된 점**

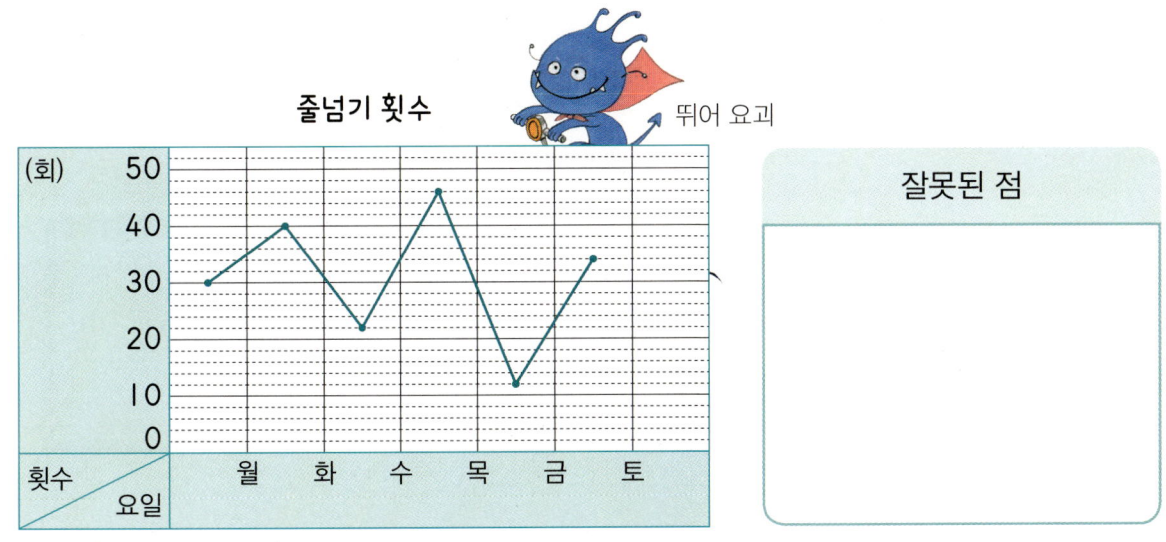

**잘못된 점**

# 11 평균

태경이네 반에서 줄넘기 대회에 나갈 반대표를 뽑습니다.

내일 학교에서 줄넘기 대회가 열려. 우리반 대표를 뽑아야 해요.

모두 집에서 줄넘기를 해 보고 한 번에 몇 회 하는지 내일까지 알아오세요.

선생님

태경이가 집에서 줄넘기를 5번 하여 한 번 할 때마다 줄넘기 횟수를 표로 나타내었습니다.

## 줄넘기 횟수

| 순서 | 1번째 | 2번째 | 3번째 | 4번째 | 5번째 |
|---|---|---|---|---|---|
| 횟수(회) | 10 | 5 | 7 | 50 | 8 |

줄넘기를 할 때마다 횟수가 달라. 한 번에 줄넘기를 몇 회 했다고 해야 하지?

태경

가장 많이 한 게 50회니까 50회라고 해.

초이

그러다가 못하면 어떡해. 안전하게 가장 낮은 5회라고 해.

지오

이럴 때는 평균을 구해서 말하면 돼.

아인

횟수를 모두 더한 후 5로 나누어
(10+5+7+50+8)÷5=16(회)
한 번에 16회씩 했다고 해.

꼬마 요괴들이 서로 자기가 시험을 잘 보았다고 다투고 있습니다. 누가 가장 시험을 잘 보았다고 할 수 있습니까? 평균을 구해 알아보시오.

시험 성적

| 이름＼과목 | 마법 | 수학 | 요괴 언어 | 연금술 |
|---|---|---|---|---|
| (점) | 50 | 50 | 30 | 70 |
| (점) | 20 | 30 | 100 | 50 |
| (점) | 30 | 40 | 70 | 60 |

나는 세 과목에서 1등을 했어.

딴소리 요괴

100점을 맞은 건 나밖에 없어.

거꾸로 요괴

꼴찌를 한 과목이 하나도 없어.

잘난척 요괴

**노크 포인트**

각 자료의 값을 모두 더하여 자료의 수로 나눈 것을 그 자료를 대표하는 값으로 정할 때 이 값을 평균이라고 합니다.

(평균)＝(자료 값의 합)÷(자료의 수)

3, 5, 6, 4, 7이 있을 때 5개의 수의 평균은 (3＋5＋6＋4＋7)÷5＝5입니다.

# 평균을 이용한 문제 해결

태경이와 지오의 일주일간 수면 시간을 조사한 표입니다. 두 아이의 평균 수면 시간이 같다고 할 때, 물음에 답하시오.

**태경이와 지오의 수면 시간**

| 이름＼요일 | 월 | 화 | 수 | 목 | 금 | 토 | 일 |
|---|---|---|---|---|---|---|---|
| 태경이의 수면 시간 | 7 | 8 | 9 | 6 | 8 | 6 | 5 |
| 지오의 수면 시간 | 6 | 7 | 6 | 6 | 5 | 9 |  |

토요일, 일요일은 아침 일찍 운동을 해.

태경

토요일, 일요일은 늦잠 자는 날이야.

지오

❶ 월요일부터 일요일까지 태경이의 총 수면 시간과 평균 수면 시간을 각각 구하시오.

총 수면 시간: ☐ 시간        평균 수면 시간: ☐ 시간

❷ 태경이와 지오의 평균 수면 시간이 같습니다. 지오의 총 수면 시간은 몇 시간입니까?

❸ 지오의 일요일 수면 시간을 구하시오.

1

[제기 차기 기록]

딴짓 요괴와 멍하니 요괴의 제기 차기 기록입니다. 두 요괴의 제기 차기 평균이 같다고 할 때, 빈칸에 알맞은 수를 써넣으시오.

제기 차기 기록

| 순서 | 1회 | 2회 | 3회 | 4회 |
|---|---|---|---|---|
| 딴짓 요괴 | 3번 | 7번 | 6번 | 4번 |
| 멍하니 요괴 | 10번 | 1번 | 2번 | 번 |

2

[독서량 평균]

초이가 6개월 동안 읽은 독서량을 나타낸 표입니다. 8월에는 7월보다 2권 더 읽었고 6개월 동안 매달 평균 5권을 읽었다고 할 때, 7월과 8월에 각각 몇 권씩 읽었습니까?

초이의 독서량

| 월 | 3 | 4 | 5 | 6 | 7 | 8 |
|---|---|---|---|---|---|---|
| 독서량(권) | 3 | 2 | 4 | 5 | | |

7월: ☐ 권    8월: ☐ 권

## 평균과 그래프

다음은 태경이의 수학 점수를 그래프로 나타낸 것입니다.

태경이의 수학 점수

점점 수학 점수가 오르고 있군.

❶ 3월부터 6월까지 태경이의 수학 점수를 표의 빈칸에 써넣으시오.

태경이의 수학 점수

| 월 | 3월 | 4월 | 5월 | 6월 |
|---|---|---|---|---|
| 점수(점) | 80 | | | |

❷ 3월부터 6월까지 태경이의 수학 점수 평균을 구하시오.

❸ 3월부터 7월까지의 평균 점수가 3월부터 6월까지의 평균 점수보다 2점 높다고 합니다. 7월의 수학 점수를 구하고 꺾은선그래프에 7월 성적을 표시하여 그래프를 완성하시오.

**1** 다음은 꼬마 요괴들의 멀리뛰기 기록을 나타낸 그래프입니다. 물음에 답하시오.

**멀리 뛰기**

| 기록 / 요괴 | 딴소리 | 한입 | 장난 | 딴짓 | 뛰어 |
|---|---|---|---|---|---|
| (m) | 50 | 40 | 60 | | 70 |

❶ 딴소리 요괴, 한입 요괴, 장난 요괴, 뛰어 요괴의 멀리뛰기 평균을 구하시오.

❷ 딴짓 요괴를 포함한 다섯 요괴의 평균이 네 요괴의 평균보다 **5 m** 낮습니다.
딴짓 요괴의 멀리뛰기 기록을 구하고, 그래프를 완성하시오.

딴짓 요괴에게
멀리 뛰는 방법을
알려줘야 겠어.

# 12 그래프의 해석

꼬마 요괴 넷이 같은 음료수를 각각 한 병씩 마시며
TV를 보고 있습니다.

나는 TV 보는 중간에
음료수를 반쯤 마셨는데
영화가 너무 슬퍼서 더 이상
마시지 못했어. 엉엉~

울보 요괴

울보 요괴

아이들이 울보 요괴가 마시고 남은 음료수의 양을 시간에 따라 그래프에 나타냈습니다.

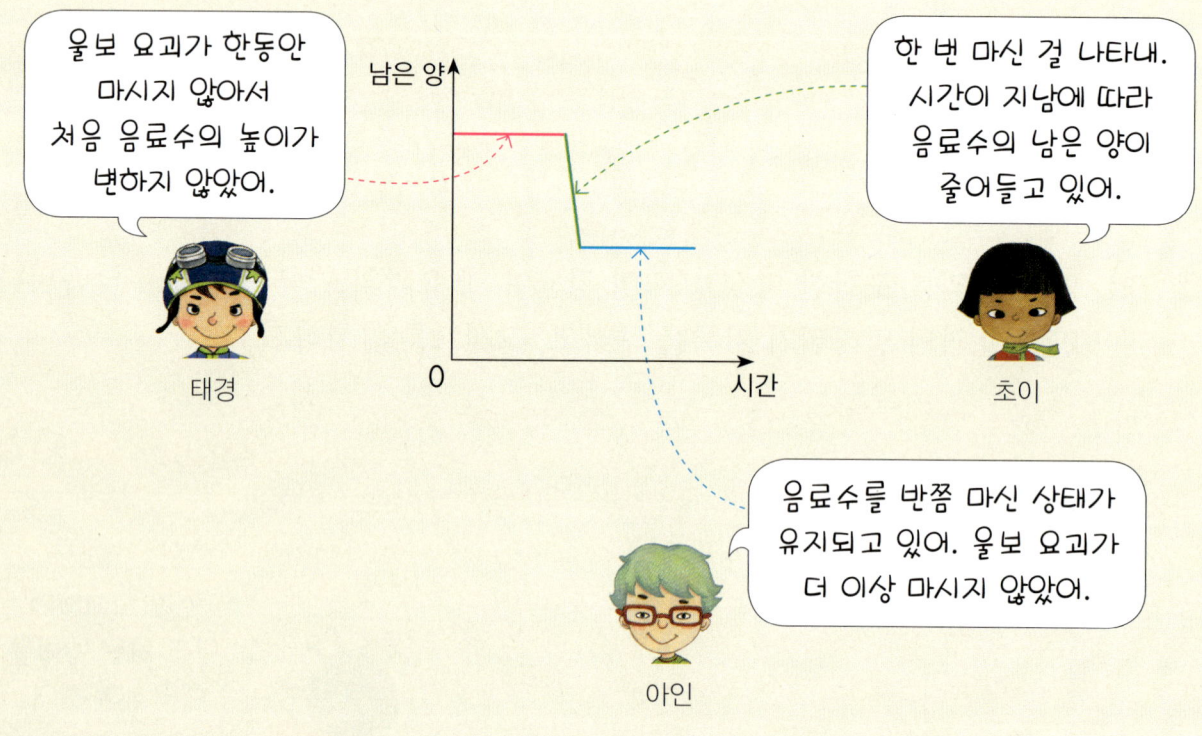

울보 요괴가 한동안
마시지 않아서
처음 음료수의 높이가
변하지 않았어.

태경

한 번 마신 걸 나타내.
시간이 지남에 따라
음료수의 남은 양이
줄어들고 있어.

초이

음료수를 반쯤 마신 상태가
유지되고 있어. 울보 요괴가
더 이상 마시지 않았어.

아인

🌀 다음은 다른 요괴 셋이 마신 음료수의 남은 양과 시간과의 그래프입니다. 알맞은 그래프를 찾아 선으로 연결하시오.

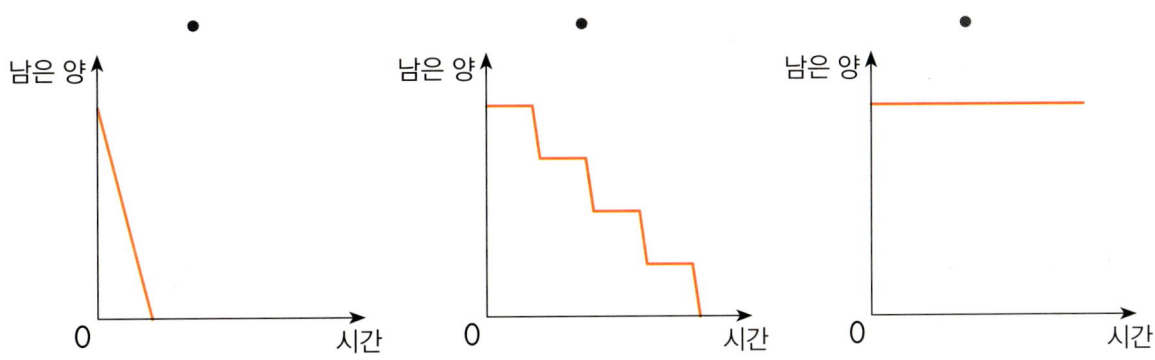

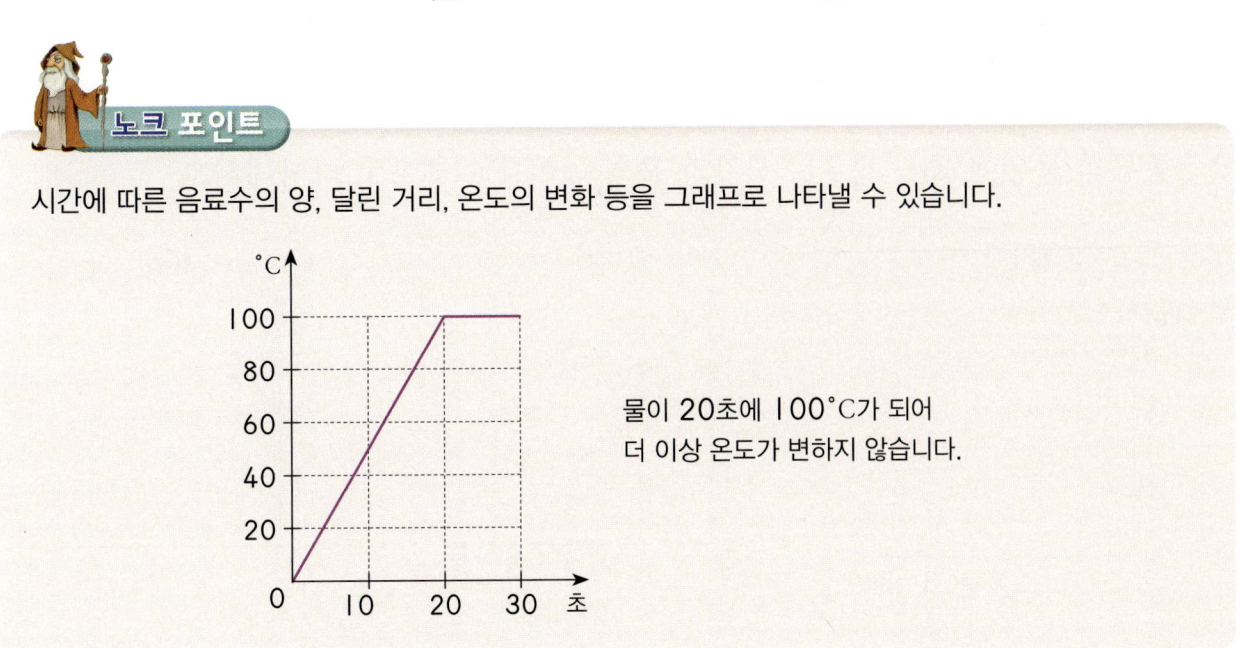

시간에 따른 음료수의 양, 달린 거리, 온도의 변화 등을 그래프로 나타낼 수 있습니다.

물이 20초에 100°C가 되어
더 이상 온도가 변하지 않습니다.

# 물통과 그래프

일정한 속도로 세 종류의 물통에 물을 채우는 시간과 통에 채운 물의 높이 사이의 관계를 알아봅시다.

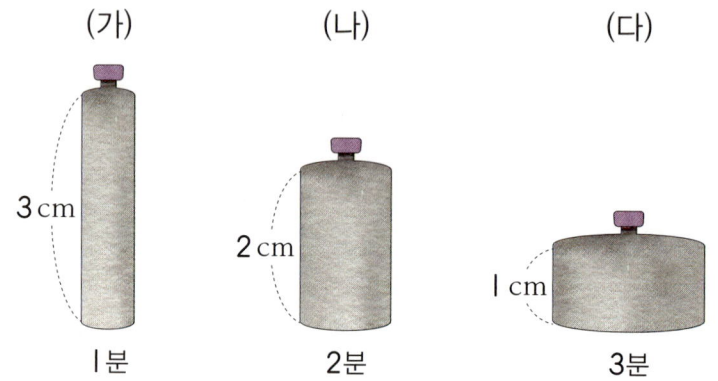

① 물통 아래에 적힌 시간은 물을 가득 채우는 데 걸리는 시간입니다. 다음 표에 각 물통에 1분 동안 채우는 물의 높이를 쓰시오.

| 물통 | (가) | (나) | (다) |
|---|---|---|---|
| 1분 동안 채우는 물의 높이 | | | |

② 3종류의 물통에 물을 채우는 시간과 물의 높이를 그래프로 나타내시오.

(가)

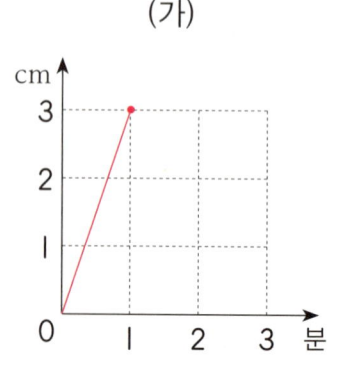

(나)

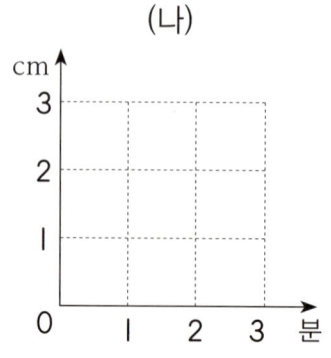

(다)

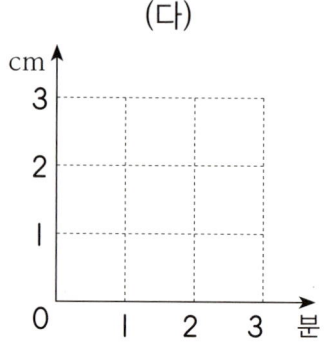

**1** 다음은 왼쪽 세 종류의 물통을 이어 붙여 새로운 물통을 만들고 이 물통에 물을 채울 때 시간에 따른 물의 높이를 그래프로 나타낸 것입니다.

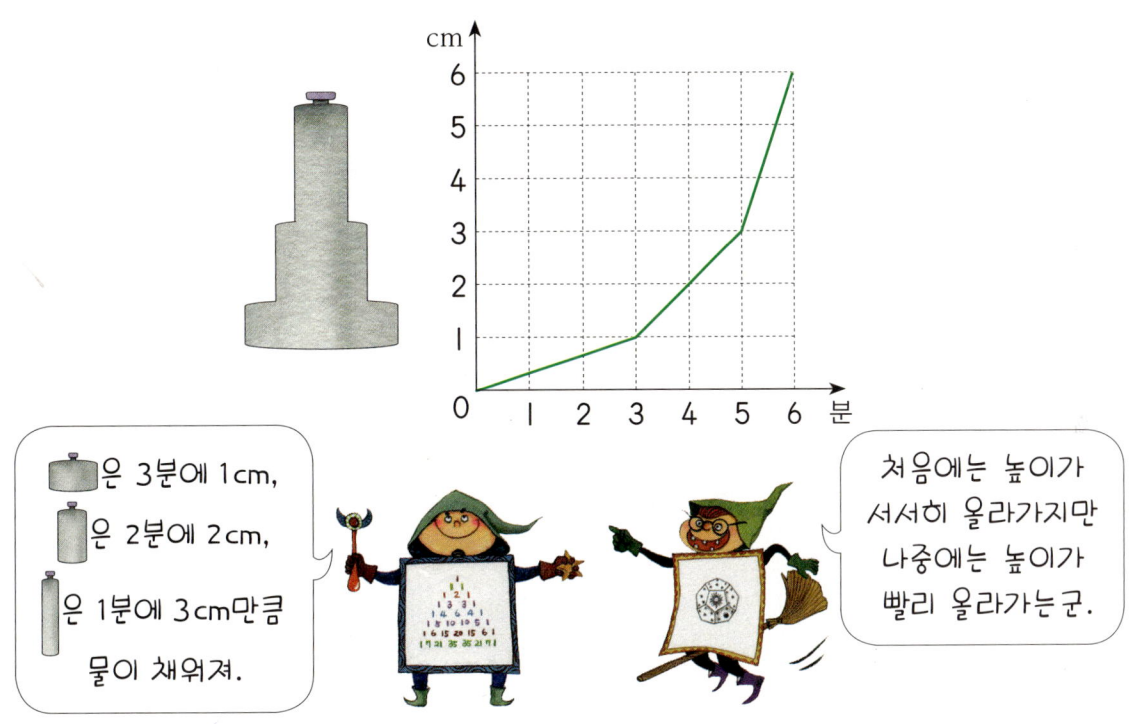

다음 물통에 맞게 그래프를 완성하시오.

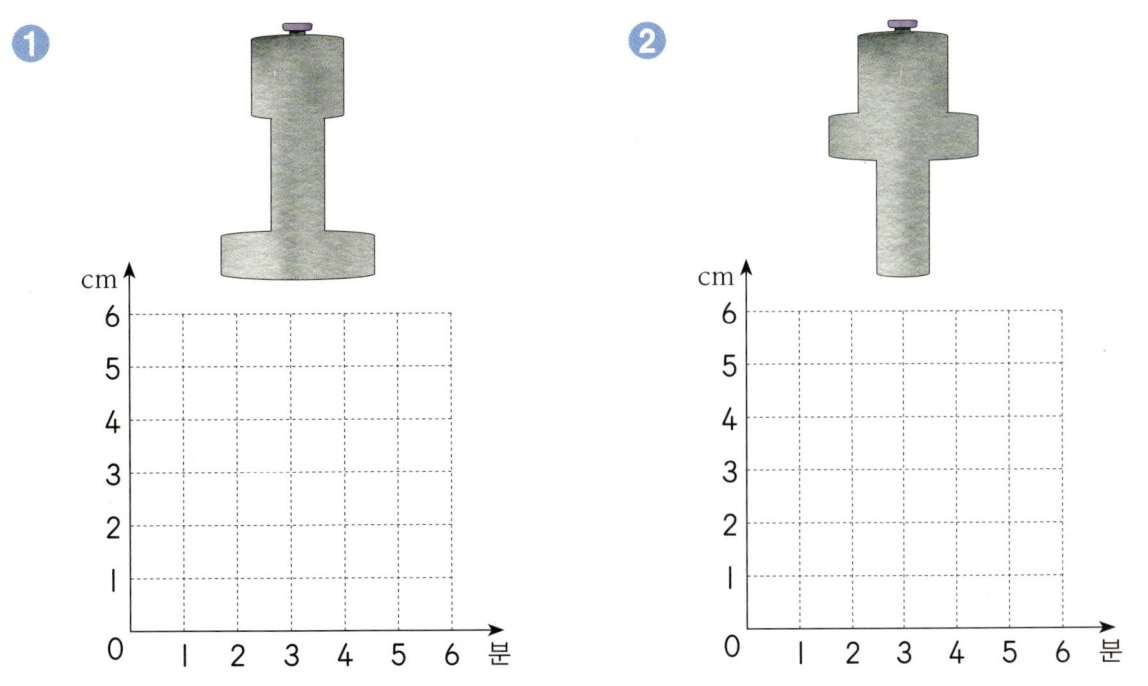

## 달리기 시합

꼬마 요괴 셋이 달리기 시합을 하였습니다. 시간과 달린 거리와의 관계를 그래프로 나타낸 것을 보고, 물음에 답하시오.

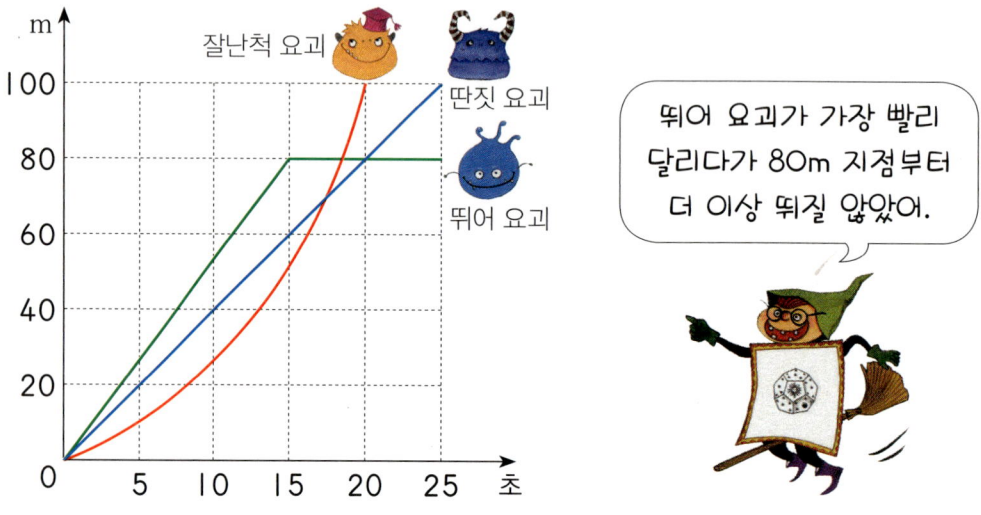

① 달리기 시작한지 10초가 지났을 때 가장 앞에 달리고 있는 요괴는 누구입니까?

② 뛰어 요괴, 딴짓 요괴, 잘난척 요괴 중 하나는 시합 도중 넘어져 경기를 포기하였습니다. 넘어진 요괴는 누구이고, 몇 m 지점에서 넘어졌습니까?

③ 1등을 한 요괴는 누구이고, 100m를 몇 초에 뛰었습니까?

④ 2등을 한 요괴는 1등을 한 요괴보다 몇 초 뒤에 들어왔습니까?

**1** 다음은 토끼와 거북의 경주를 나타낸 그래프입니다. 물음에 답하시오.

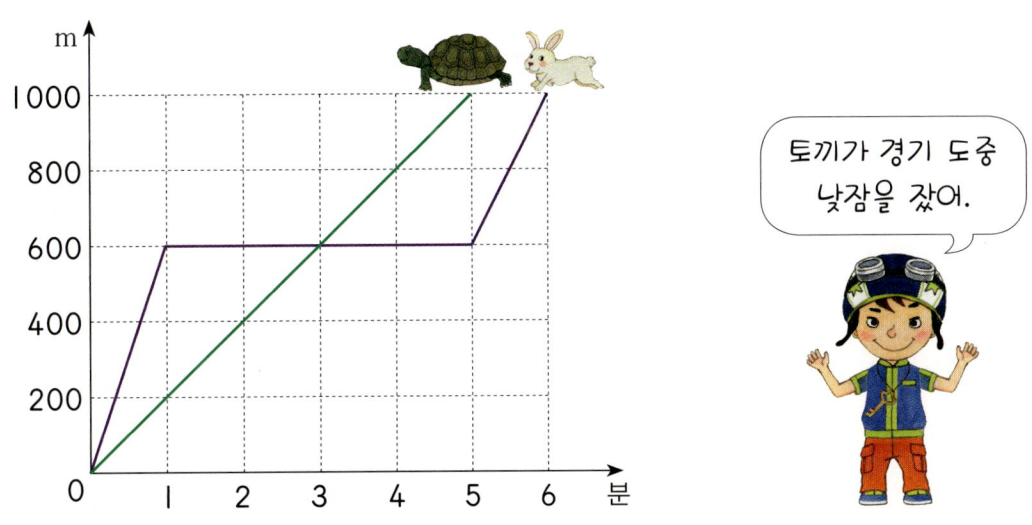

토끼가 경기 도중
낮잠을 잤어.

**❶** 토끼와 거북 중 누가 경기에 이겼습니까?

**❷** 토끼는 경기 도중 낮잠을 잤습니다. 몇 분 동안 낮잠을 잤습니까?

**❸** 거북이 도착한 후 토끼는 몇 분 후에 도착합니까?

**❹** 경기 도중 거북과 토끼가 만나는 곳은 몇 m 지점입니까?

# 창의적 문제해결력

**1** 다음 그래프는 어느 나라의 철강 생산량을 나타낸 것입니다. 그래프의 잘못된 부분이 무엇인지 찾아 쓰시오.

철강 생산량

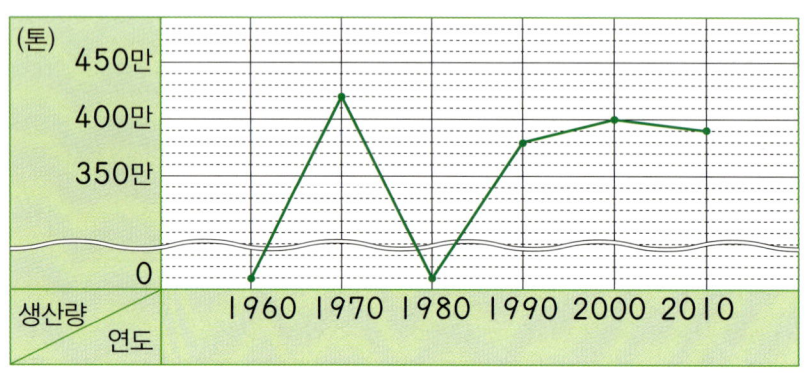

**2** 다음은 아인이가 6개월 동안 읽은 책을 나타낸 표입니다. 매달 평균 9권을 읽었을 때 8월에는 몇 권을 읽었는지 구하시오.

아인이의 독서량

| 월 | 3 | 4 | 5 | 6 | 7 | 8 |
|---|---|---|---|---|---|---|
| 읽은 책 (권) | 6 | 8 | 10 | 13 | 8 | |

**3** 오른쪽 그래프는 태경, 초이, 지오 세 사람이 등산을 한 시간과 거리와의 관계를 나타낸 것입니다. ☐ 안에 알맞은 기호를 써넣으시오.

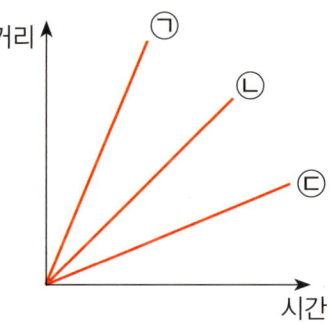

나는 1분에 200 m를 올라갔어.

태경 ☐

나는 2분에 300 m를 올라갔어.

초이 ☐

나는 5분에 500 m를 올라갔어.

지오 ☐

**4** 태경이가 독서를 하면서 다음과 같이 음료수를 마셨습니다. 태경이가 마신 음료수의 남은 양과 시간과의 관계를 나타낸 그래프로 옳은 것을 고르시오.

음료수를 받자마자 마시기 시작했어.

세 번에 나누어서 마셨는데 조금 남겼어.

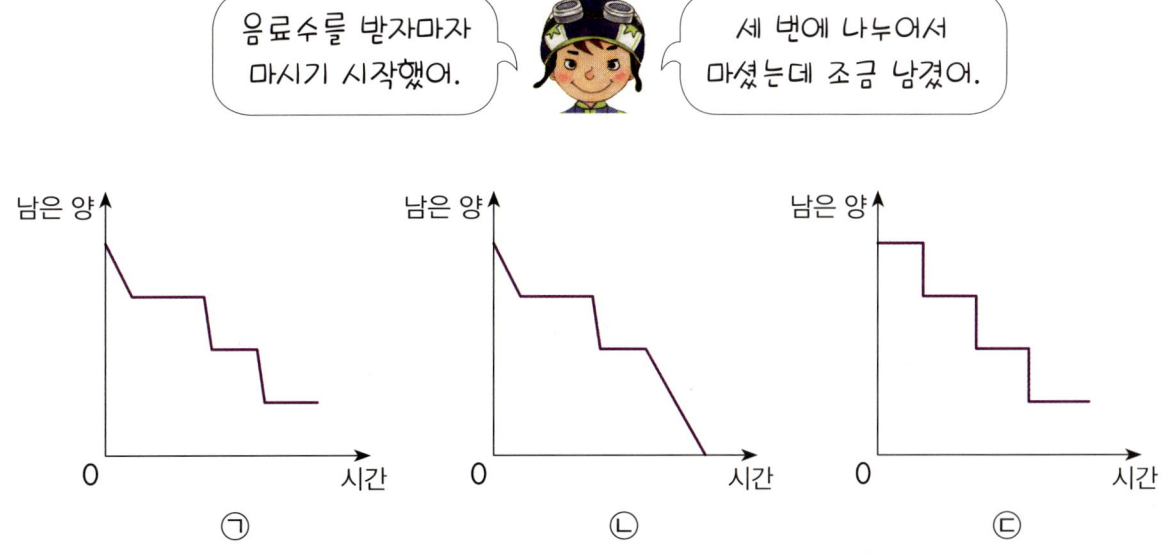

MEMO

# 정답 및 해설

경우의
수와 통계

**D8**
(11~12세)

누구나 쉽고 재미있게
사고력
수학

노크

# 정답및
# 해설

경우의
수와 통계

D8

(11~12세)

누구나 쉽고 재미있게
사고력
수학

노크

천재교육

# 정답 및 해설

누구나
**쉽고 재미있게**

사고력 수학

## 노크

**D8**
(11~12세)

## 경우의 수와 통계

## 1 경로

연필을 한 번도 종이에서 떼지 않고 어느 선도 두 번 지나지 않으면서 도형을 그리는 것을 한붓그리기라고 합니다.

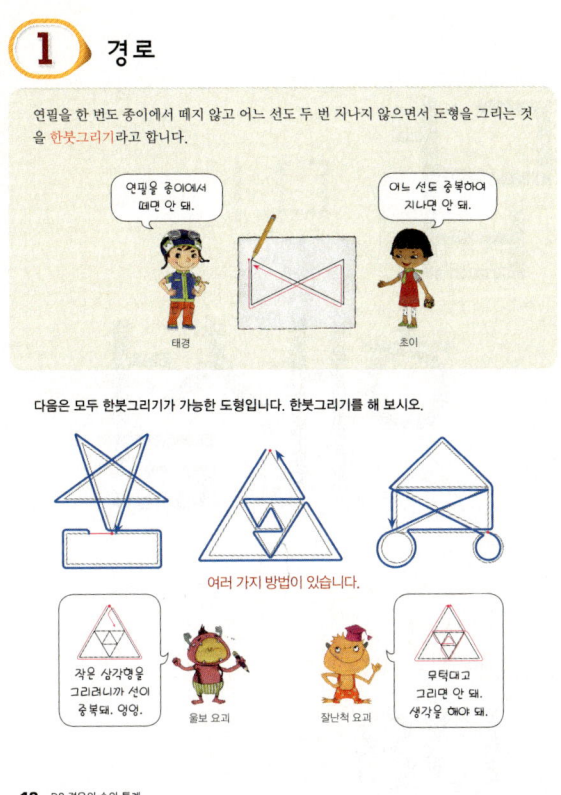

다음은 모두 한붓그리기가 가능한 도형입니다. 한붓그리기를 해 보시오.

여러 가지 방법이 있습니다.

한붓그리기가 가능한 모양을 모두 찾아 ◯ 표 하시오.

( )  ( )  ( )  ( )

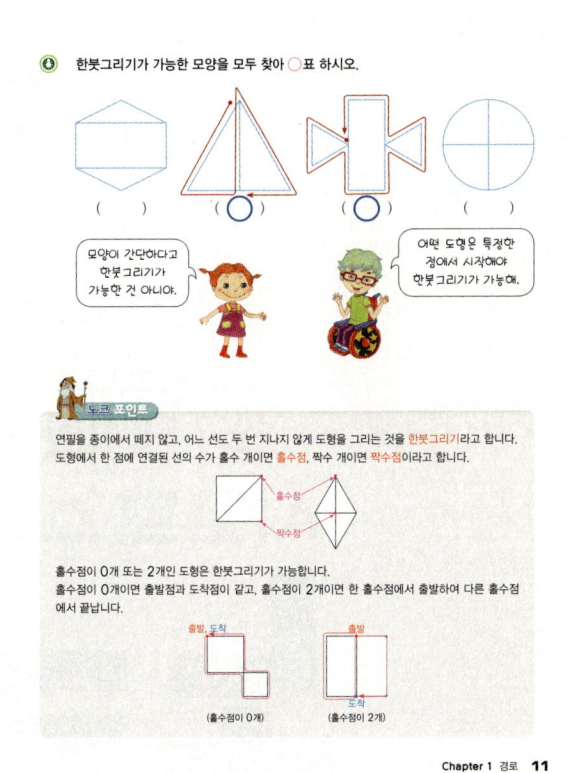

**뚜르 포인트**

연필을 종이에서 떼지 않고, 어느 선도 두 번 지나지 않게 도형을 그리는 것을 한붓그리기라고 합니다.
도형에서 한 점에 연결된 선의 수가 홀수 개이면 홀수점, 짝수 개이면 짝수점이라고 합니다.

홀수점
짝수점

홀수점이 0개 또는 2개인 도형은 한붓그리기가 가능합니다.
홀수점이 0개이면 출발점과 도착점이 같고, 홀수점이 2개이면 한 홀수점에서 출발하여 다른 홀수점에서 끝납니다.

출발, 도착    출발
            도착
(홀수점이 0개)  (홀수점이 2개)

---

## 한붓그리기와 홀수점

다음 도형 중에서 한붓그리기가 가능한 도형을 알아봅시다.

ⓐ    ⓑ    ⓒ    ⓓ    ⓔ    ⓕ

❶ 한 점에 연결된 선의 수가 홀수 개일 때 그 점을 홀수점, 짝수 개일 때 그 점을 짝수점이라 합니다. 홀수점과 짝수점의 개수를 세어 표의 빈칸을 모두 채우시오.

| 모양 | | | | | | |
|---|---|---|---|---|---|---|
| 홀수점의 개수 | 0 | 2 | 2 | 4 | 2 | 6 |
| 짝수점의 개수 | 4 | 2 | 3 | 1 | 4 | 1 |

홀수점: ● 짝수점: ●

점에 연결된 선의 수가 3개인 홀수점이 2개야.

점에 연결된 선의 수가 2개인 짝수점이 2개야.

❷ 홀수점의 개수가 0개 또는 2개일 때 한붓그리기가 가능합니다. 한붓그리기가 되는 도형의 기호를 모두 쓰고, 한붓그리기를 해 보시오.

ⓐ    ⓑ    ⓒ    ⓓ

**[홀수점의 개수]**

1 다음 도형의 홀수점의 개수를 구하시오.

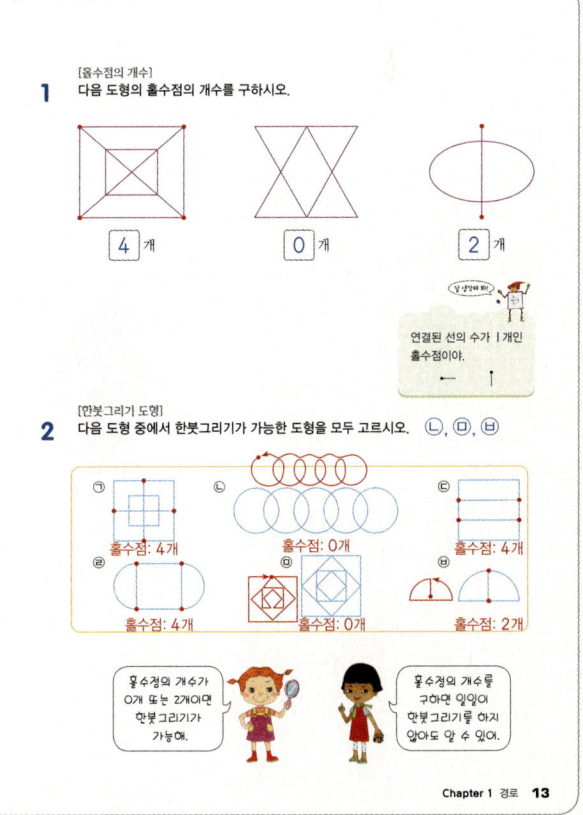

4 개    0 개    2 개

연결된 선의 수가 1개인 홀수점이야.
←

**[한붓그리기 도형]**

2 다음 도형 중에서 한붓그리기가 가능한 도형을 모두 고르시오. ⓛ, ⓜ, ⓗ

ⓖ 홀수점: 4개    ⓛ 홀수점: 0개    ⓒ 홀수점: 4개

ⓔ 홀수점: 4개    ⓜ 홀수점: 0개    ⓗ 홀수점: 2개

홀수점의 개수가 0개 또는 2개이면 한붓그리기가 가능해.

홀수점의 개수를 구하면 일일이 한붓그리기를 하지 않아도 알 수 있어.

**2** D8 경우의 수와 통계

## 🐛 한붓그리기 도형 만들기

다음 도형에 선을 하나 그어 한붓그리기가 가능하도록 만들어 봅시다.

홀수정이 0개 또는 2개가 아니면 한붓그리기가 안 돼.

홀수정끼리 선으로 이어 홀수점을 0개 또는 2개로 만들어야 해.

❶ 도형에서 홀수점을 모두 찾아 점(•)으로 표시하시오. 홀수점은 각각 몇 개입니까?

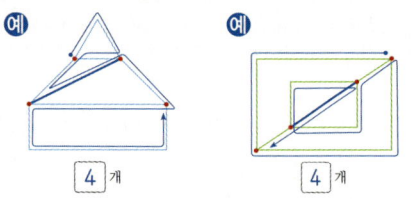

예 4 개    예 4 개

❷ ❶의 도형에서 홀수점 2개를 선으로 이어 보시오. 홀수점의 개수는 어떻게 변합니까?

**홀수점이 4개에서 2개가 됩니다.**
홀수점 2개를 잇는 방법에는 여러 가지가 있습니다.

❸ ❷에서 홀수점 2개를 이은 모양으로 한붓그리기를 해 보시오.

---

[출발점, 도착점]

**1** 출발점과 도착점이 다르면서 한붓그리기가 가능한 도형을 찾아 기호를 쓰시오. ㉣

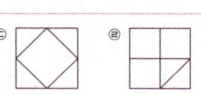

㉠  ㉡  ㉢  ㉣

홀수점: 4개   홀수점: 0개   홀수점: 0개   홀수점: 2개

홀수점의 개수가 0개이므로 출발점과 도착점이 같아.

홀수점의 개수가 2개이면 한 홀수점에서 시작하여 다른 홀수점에서 끝나.

[한붓그리기 도형 만들기]

**2** 다음 도형이 한붓그리기가 가능하도록 도형에 점과 점을 잇는 선을 하나 그으시오.

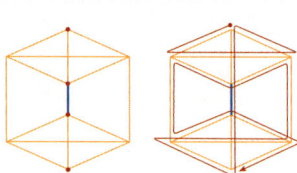

이 도형의 홀수점이 4개이므로 홀수점 중 2개를 잇는 선을 그리면 한붓그리기 도형을 만들 수 있습니다.

---

## ② 방 통과하기

각각 다른 방에 있는 꼬마 요괴들이 모든 방을 한 번씩만 통과하여 방을 나오려고 합니다.

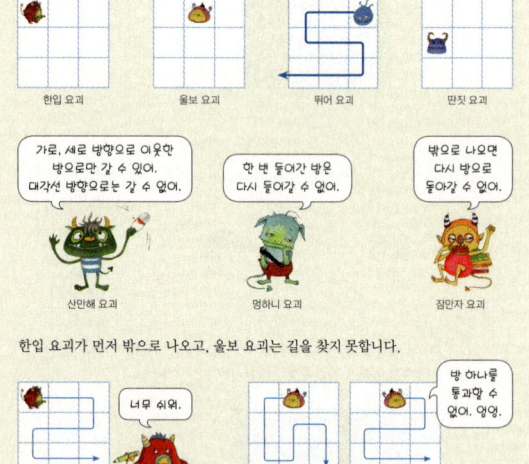

한입 요괴    울보 요괴    뛰어 요괴    딴짓 요괴

가로, 세로 방향으로 이웃한 방으로만 갈 수 있어. 대각선 방향으로는 갈 수 없어.

한 번 들어간 방은 다시 들어갈 수 없어.

밖으로 나오면 다시 방으로 돌아갈 수 없어.

산만해 요괴    멍하니 요괴    잠만자 요괴

한입 요괴가 먼저 밖으로 나오고, 울보 요괴는 길을 찾지 못합니다.

너무 쉬워.

방 하나를 통과할 수 없어, 엉엉.

뛰어 요괴와 딴짓 요괴도 각 방을 한 번씩만 통과하여 밖으로 나올 수 있습니까? 나올 수 있으면 길을 찾아 그려 보시오. **딴짓 요괴는 나올 수 없습니다.**

---

🎯 1번부터 9번까지 번호가 있는 방을 각각 한 번씩만 모두 통과하여 밖으로 나오려고 합니다. 통과하는 방법 3가지를 방의 번호를 차례로 써서 나타내시오. (단, 출발지점이 모두 달라야 합니다.)

| 1 | 2 | 3 |
|---|---|---|
| 4 | 5 | 6 |
| 7 | 8 | 9 |

① 1, 2, 3, 6, 5, 4, 7, 8, 9
② 3, 2, 1, 4, 5, 6, 9, 8, 7
③ 5, 4, 1, 2, 3, 6, 9, 8, 7
④ 7, 8, 9, 6, 5, 4, 1, 2, 3
⑤ 9, 6, 5, 8, 7, 4, 1, 2, 3
**여러 가지 답이 있습니다.**

🧙 **토론 포인트**

① 방과 문이 있는 건물에서 모든 문을 한 번씩 중복되지 않게 통과하려면 홀수 개의 문이 있는 방에서 출발하여 다른 홀수 개의 문이 있는 방으로 나와야 합니다. 홀수 개의 문이 있는 방이 4개 이상 있으면 한 번씩 중복되지 않게 통과할 수 없습니다.

② 방문 통과나 쾨니히스베르크의 다리 문제는 한붓그리기 문제로 바꾸어 해결할 수 있습니다. 방문 통과 문제에서는 방은 점으로, 문은 점을 연결하는 선으로 바꾸어 나타내고, 다리 문제에서는 지역은 점으로, 다리는 점을 연결하는 선으로 나타내어 한붓그리기 문제로 바꿉니다.

## 방문 통과 경로

그림과 같이 6개의 방과 방을 연결하는 문이 8개 있습니다. 같은 문을 두 번 지나지 않고 문을 한 번씩 지나는 경로를 나타내어 봅시다.

모든 문은 한 번씩만 통과해야 해.

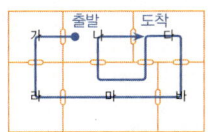

같은 문은 2번 통과할 수 없어.

❶ 각 방의 문의 개수를 쓰시오.

| 방 | 가 | 나 | 다 | 라 | 마 | 바 |
|---|---|---|---|---|---|---|
| 문의 개수 | 2 | 3 | 3 | 2 | 4 | 2 |

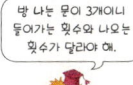
방 가는 문이 2개이니 한 번 들어가고 한 번 나오면 되겠군.

방 나는 문이 3개이니 들어가는 횟수와 나오는 횟수가 달라야 해.

문이 홀수 개인 방에서 시작해서 문이 홀수 개인 다른 방에서 끝나면 되겠어.

❷ 모든 문을 한 번씩만 지나는 경로를 그려 보시오.
여러 가지 답이 있습니다.

[모든 문을 한 번씩 지나는 경로]

**1** 7개의 방과 10개의 문이 있습니다. 모든 문을 한 번씩만 지나는 경로를 그려 보시오.

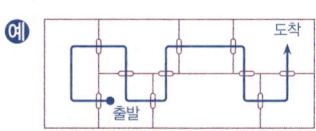

먼저 문이 홀수 개인 방을 모두 찾습니다. 문이 3개인 방에서 출발하여 문이 3개인 다른 방에 도착하도록 경로를 그립니다.
예시 답안과 달라도 모든 문을 한 번씩만 지나는 경로는 정답입니다.

[입구와 출구]

**2** 다음은 어떤 미술관의 평면도인데 입구와 출구가 없습니다. 입구로 들어가서 모든 문을 한 번씩만 지나고 출구로 나온다고 할 때 입구와 출구는 어느 방에 설치해야 합니까?

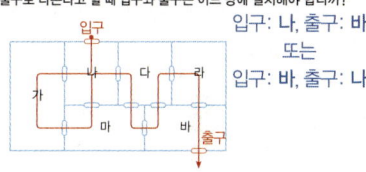

입구: 나, 출구: 바
또는
입구: 바, 출구: 나

모든 문을 한 번씩만 지나려면 문이 3(홀수)개인 방 나(바)에서 출발하여 방 바(나)에 도착하면 됩니다. 따라서 입구와 출구는 문이 3개인 방 나와 바에 설치합니다.

## 쾨니히스베르크의 다리

쾨니히스베르크는 독일의 옛도시로 중세 시대부터 1945년까지 동프로이센의 수도였는데 1945년 러시아에 편입되어 현재는 러시아의 칼리닌그라드로 불립니다.
이 도시에는 프레겔 강이 흐르고 있고 강 사이에 있는 2개의 섬을 연결하는 7개의 다리가 있습니다.

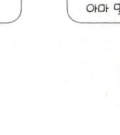
다리를 한 번씩만 건너서 출발한 곳으로 다시 돌아올 수 있는 방법이 있을까?

7개의 다리를 건너는 방법이 무려 5000가지가 넘어. 일일이 해 보려다가 아마 몇 십년이 걸릴 거야.

"7개의 다리를 한 번씩만 건너서 처음 시작한 곳으로 돌아올 수 있는 길이 있을까?"라는 문제가 도시의 시민들 사이에서 이야기 거리가 되었는데 이 문제를 쾨니히스베르크의 다리 문제라고 합니다.

이 문제를 수학적으로 해결한 사람이 독일의 수학자 오일러입니다. 오일러는 이 문제를 한붓그리기를 이용하여 해결하였고, 모든 길을 한 번씩만 지나 출발점으로 다시 돌아오는 길을 오일러 순환길이라고 부릅니다.

오일러

불가능합니다. 한붓그리기가 가능하려면 홀수점이 0개 또는 2개이어야 하는데 홀수점이 4개이기 때문입니다.

[쾨니히스베르크의 다리]

**1** 다음은 쾨니히스베르크의 다리 문제를 한붓그리기 문제로 바꾼 것입니다. 바꾼 도형은 한붓그리기가 가능합니까? 불가능하면 그 이유를 설명하시오.

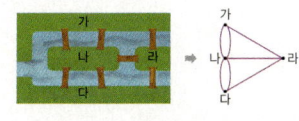

지역은 점으로 표시하고 다리를 경유 연결하는 선으로 바꾸었어.

가와 나를 연결하는 다리가 2개, 나와 다를 연결하는 다리가 2개야.

가, 나, 다와 라를 연결하는 다리가 각각 하나씩 있어.

[다리 건너기]

**2** 가, 나, 다, 라, 마 5개의 지역에 10개의 다리가 있습니다. 다리를 한 번씩만 건너 10개의 다리를 모두 지날 수 있는 길을 그려 보시오.

한붓그리기 문제로 바꿔 봐.

여러 가지 답이 있습니다.

홀수점 (출발)   홀수점 (도착)

**4**   D8 경우의 수와 통계

**3 가장 짧은 길**

가에서 나까지 가는 가장 짧은 길은 여러 가지가 있습니다.

가에서 나까지 가는 가장 짧은 길을 4가지 방법으로 그리시오.

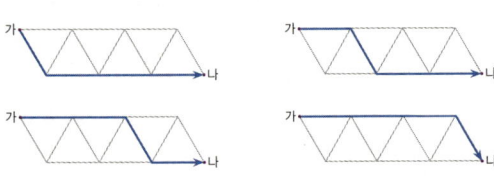

가에서 나까지 가는 가장 짧은 길을 모두 그리시오. 모두 몇 가지입니까?

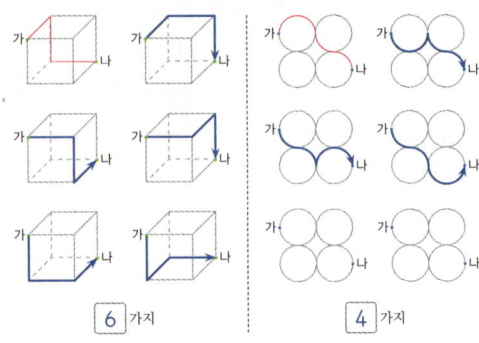

6 가지     4 가지

**토크 포인트**

가 지점을 들렀다 가는 가장 짧은 길의 가짓수는
(시작점에서 가 지점까지의 가짓수)×(가 지점에서 도착점까지의 가짓수)
가 지점을 들르지 않고 가는 가장 짧은 길의 가짓수는
(시작점에서 도착점까지의 가짓수)−(가 지점을 들렀다 가는 가짓수)

일방통행이 있는 가장 짧은 길의 가짓수를 구할 때에는, 지나서는 안 되는 길을 지운 다음 갈래길에 길의 가짓수를 씁니다.

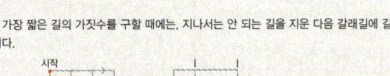

6가지

---

 **놀이터에서 만나는 가짓수**

뛰어 요괴와 장난 요괴가 현재 있는 위치에서 출발하여 상대방을 향해 가장 가까운 길로 가고 있습니다. 둘이 같은 빠르기로 갈 때 놀이터에서 만나는 경우는 몇 가지인지 알아봅시다.

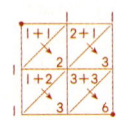

❶ 뛰어 요괴가 놀이터까지 가는 가장 가까운 길은 모두 몇 가지입니까?

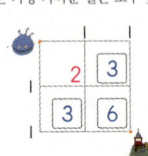

❷ 장난 요괴가 놀이터까지 가는 가장 가까운 길은 모두 몇 가지입니까?

❸ 뛰어 요괴와 장난 요괴가 놀이터에서 만나는 경우는 모두 몇 가지입니까?

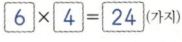 6 × 4 = 24 (가지)

 뛰어 요괴가 놀이터까지 가는 가짓수와 장난 요괴가 놀이터까지 가는 가짓수를 곱하면 돼.

[대각선 길]
**1** 장난 요괴가 놀이터에 가려고 합니다. 가장 짧은 길로 가는 방법은 모두 몇 가지입니까?    **9가지**

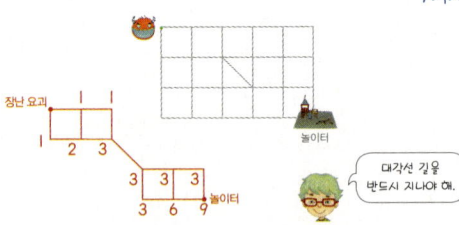

대각선 길을 반드시 지나야 해.

장난 요괴는 빨간색 선으로 된 길을 따라 가장 짧은 길로 놀이터에 갈 수 있습니다.

[공사장]
**2** 태경이가 집에서 학교까지 가는 여러 가지 길을 그린 것입니다. 공사하는 곳을 피해 집에서 학교까지 가는 길은 모두 몇 가지입니까?    **17가지**

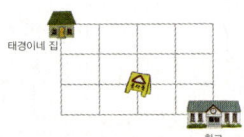

① 공사하는 곳이 없다고 할 때
전체 가짓수: 35가지

② 공사하는 곳을 반드시
지나는 가짓수: 18가지

③ 공사 지점을 피해 학교까지 가는
가장 짧은 길의 가짓수: 17가지
①−②=35−18=17(가지)

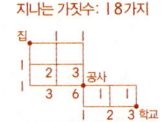

6×3=18(가지)

## 🦉 일방통행 길

다음과 같은 도로의 화살표 표시가 된 길은 화살표 방향으로만 갈 수 있는 일방통행 길입니다. 가에서 나까지 갈 수 있는 가장 빠른 길은 모두 몇 가지인지 알아봅시다.

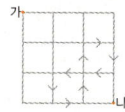

> 일방통행 길은
> 한 방향으로만 갈 수 있고
> 반대 방향으로 갈 수 없어.

❶ 가에서 나까지 가장 빠른 길로 가려면 오른쪽과 아래로만 가야 합니다. 지나서는 안 되는 길에 모두 ×표 하시오.

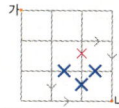

일방통행 길에서 위와 왼쪽으로 가는 길에 모두 ×표 합니다.

❷ ❶에서 표시한 도로를 빼고 남은 도로를 아래 점선을 따라 그리시오.

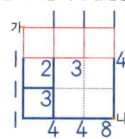

❸ ❷의 갈래길에 길의 가짓수를 쓰고 가에서 나까지 가는 가장 빠른 길의 가짓수를 구하시오. 8가지

---

[위에서 아래로 가는 가장 짧은 길]

1 가에서 출발하여 나와 다에 갈 수 있는 길의 가짓수를 각각 구하시오. (단, 길은 위에서 아래로만 갈 수 있습니다.)

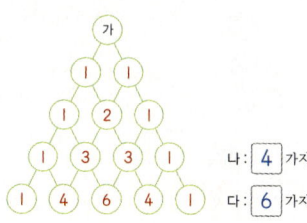

나 : 4 가지
다 : 6 가지

[자동차 일방통행]

2 자동차를 타고 가에서 출발하여 나까지 가는 가장 가까운 길은 모두 몇 가지입니까? (단, 화살표 표시가 있는 도로는 화살표 방향으로만 가야 합니다.) 12가지

> 왼쪽과 위로 가는
> 일방통행 길을 지워.

---

## 👩 창의적 문제해결력

1 다음 중 한붓그리기가 가능한 도형의 기호를 쓰고, 그 경로를 그려 보시오. ㉡

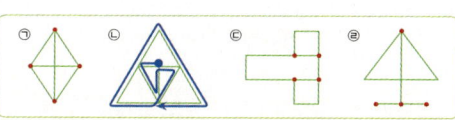

㉠ 홀수점 4개   ㉡ 홀수점 2개   ㉢ 홀수점 4개   ㉣ 홀수점 4개

㉠, ㉢, ㉣은 모두 홀수점이 4개이므로 한붓그리기가 불가능합니다.

2 다음 도형에 한붓그리기가 가능하도록 선을 하나 그으시오.

(예)

> 홀수점의
> 개수와 위치를
> 알아야 해.

홀수점이 4개이므로 홀수점 2개를 선으로 이어 홀수점 2개인 도형으로 만듭니다.

---

📹 동영상 특강
QR 코드를 찍어 보세요!!!

3 다음은 어떤 박물관의 평면도입니다. 입구로 들어가서 모든 문을 한 번씩만 통과하고 출구로 나올 수 있도록 문 하나를 폐쇄하려고 합니다. 폐쇄해야 할 문을 찾아 ×표 하고, 경로를 그려 보시오.

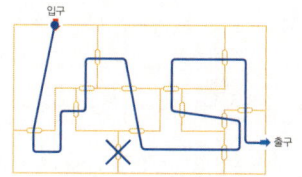

입구    출구

> 입구와 출구가
> 있는 방의 문은
> 홀수 개이어야 해.

4 지오가 집에서 도서관을 거쳐 학교로 가는 가장 짧은 길은 몇 가지입니까?

50가지

10×5=50(가지)

**6** D8 경우의 수와 통계

32 · 33

## 4 가짓수

정사각형 4개를 붙인 모양에서 2칸을 색칠하는 방법을 알아봅니다.

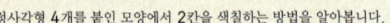

4칸 중에 2칸을 색칠하는 방법은 몇 가지나 될까?

빠지지 않고 중복되지 않게 모두 찾는 것이 중요해.

아인이는 기준을 정하여 색칠합니다.

위 칸을 먼저 색칠한 다음 아래 칸을 하나씩 색칠해.

아인

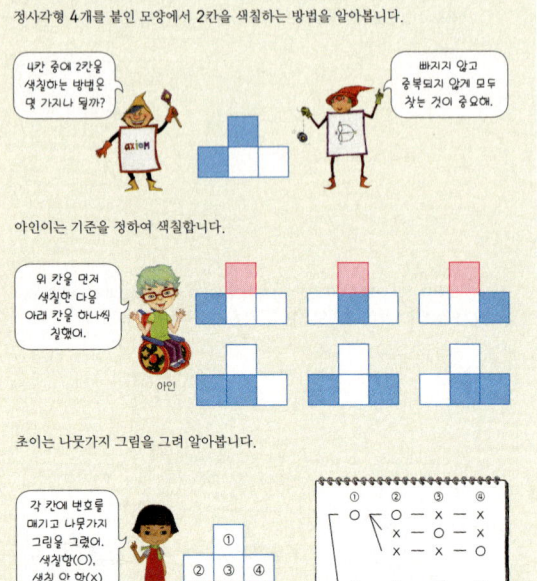

초이는 나뭇가지 그림을 그려 알아봅니다.

각 칸에 번호를 매기고 나뭇가지 그림을 그리는 거야. 색칠함(O), 색칠 안 함(X)

초이

⬤ 동전 3개를 던졌을 때 나오는 경우의 가짓수를 표와 나뭇가지 그림으로 나타낸 것입니다. 표와 그림을 완성하고 가짓수를 구하시오.

**방법 1: 표**

| 동전 1 | 그림면 | 그림면 | 그림면 | 숫자면 | 그림면 | 숫자면 | 숫자면 | 숫자면 |
|---|---|---|---|---|---|---|---|---|
| 동전 2 | 그림면 | 그림면 | 숫자면 | 그림면 | 숫자면 | 그림면 | 숫자면 | 숫자면 |
| 동전 3 | 그림면 | 숫자면 | 그림면 | 그림면 | 숫자면 | 숫자면 | 그림면 | 숫자면 |

➡ 8 가지

**방법 2: 나뭇가지 그림**

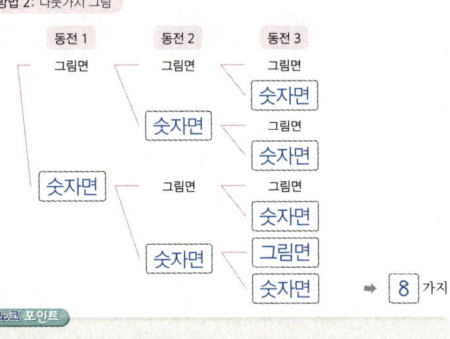

➡ 8 가지

**포인트**

주사위 하나를 던져서 나올 수 있는 경우는 1, 2, 3, 4, 5, 6으로 모두 6가지입니다.
그러나 두 가지 사건이 동시에 일어나거나 복잡한 상황에서 나올 수 있는 경우의 가짓수를 구할 때에는 표나 나뭇가지 그림을 그려 구하는 것이 편리합니다.
가짓수를 구할 때에는 빠뜨리지 말고 중복되지 않게 구하는 것이 중요합니다.

---

34 · 35

## 🛡 지불하는 방법의 가짓수

500원, 100원, 50원짜리 동전으로 1000원을 지불하는 방법은 모두 몇 가지인지 알아봅시다.

❶ 500원짜리 동전만 사용하여 1000원을 지불하는 방법은 몇 가지입니까? 1 가지

❷ 500원짜리 동전 1개와 다른 종류의 동전을 사용하여 1000원을 지불하는 방법을 표로 나타낸 것입니다. 표를 완성하고 가짓수를 구하시오. 6가지

| 500원짜리 | 1 | 1 | 1 | 1 | 1 | 1 |
|---|---|---|---|---|---|---|
| 100원짜리 | 5 | 4 | 3 | 2 | 1 | 0 |
| 50원짜리 | 0 | 2 | 4 | 6 | 8 | 10 |

❸ 500원짜리 동전을 사용하지 않고 1000원을 지불하는 방법입니다. 표를 완성하고 가짓수를 구하시오. 11 가지

| 500원짜리 | 0 | 0 | 0 | 0 | 0 | 0 | 0 | 0 | 0 | 0 | 0 |
|---|---|---|---|---|---|---|---|---|---|---|---|
| 100원짜리 | 10 | 9 | 8 | 7 | 6 | 5 | 4 | 3 | 2 | 1 | 0 |
| 50원짜리 | 0 | 2 | 4 | 6 | 8 | 10 | 12 | 14 | 16 | 18 | 20 |

❹ 500원, 100원, 50원짜리 동전으로 1000원을 지불하는 방법은 모두 몇 가지입니까? 18가지

1+6+11=18(가지)

**1** [합이 30]
다음 수 카드가 각각 10장씩 있습니다. 수 카드에 적힌 수의 합이 30이 되는 방법은 모두 몇 가지입니까? 10가지

| 10 카드 | 3 | 2 | 2 | 2 | 1 | 1 | 1 | 0 | 0 | 0 |
|---|---|---|---|---|---|---|---|---|---|---|
| 5 카드 | 0 | 2 | 1 | 0 | 4 | 3 | 2 | 6 | 5 | 4 |
| 1 카드 | 0 | 0 | 5 | 10 | 0 | 5 | 10 | 0 | 5 | 10 |

**2** [과녁판 1000점]
다음 과녁판에 화살을 여러 번 쏘아 1000점을 얻는 방법은 모두 몇 가지입니까?
(단, 화살은 얼마든지 쏠 수 있고, 화살이 과녁판을 벗어나지 않습니다.) 10가지

| 500점 | 2 | 1 | 1 | 1 | 0 | 0 | 0 | 0 | 0 | 0 |
|---|---|---|---|---|---|---|---|---|---|---|
| 200점 | 0 | 2 | 1 | 0 | 5 | 4 | 3 | 2 | 1 | 0 |
| 100점 | 0 | 1 | 3 | 5 | 0 | 2 | 4 | 6 | 8 | 10 |

정답 및 해설 **7**

## 합의 가짓수

세 수의 합이 9가 되는 경우를 여러 가지 방법으로 나타낸 것입니다. 세 수의 합이 12가 되는 경우는 모두 몇 가지인지 알아봅시다.

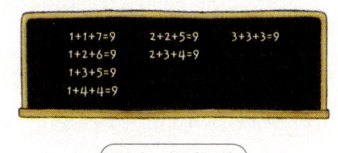

$$1+1+7=9 \quad 2+2+5=9 \quad 3+3+3=9$$
$$1+2+6=9 \quad 2+3+4=9$$
$$1+3+5=9$$
$$1+4+4=9$$

2+2+2와 같이 같은 수를 여러 번 써도 돼.

1+2+6, 2+6+1, 6+1+2와 같이 순서만 바뀐 것은 한 가지로 봐.

0은 쓸 수 없고 분수나 소수도 안 돼.

❶ 세 수의 합이 12가 되는 경우를 나뭇가지 그림으로 나타내시오.

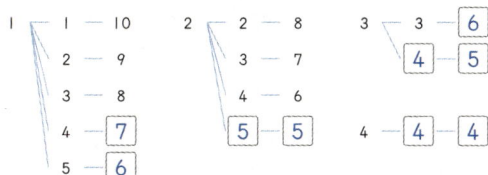

```
1 ─ 1 ─ 10      2 ─ 2 ─ 8       3 ─ 3 ─ 6
    2 ─ 9           3 ─ 7           4 ─ 5
    3 ─ 8           4 ─ 6
    4 ─ 7           5 ─ 5       4 ─ 4 ─ 4
    5 ─ 6
```

❷ 세 수의 합이 12가 되는 경우는 모두 몇 가지입니까?  12가지

$$5+4+2+1=12(가지)$$

[세 홀수의 합]

**1** 3개의 홀수를 더해서 15가 되는 방법은 모두 몇 가지입니까? (단, 같은 수를 여러 번 사용할 수 있고, 순서만 바뀐 것은 한 가지로 봅니다.)  7가지

```
1 ─ 1 ─ 13      3 ─ 3 ─ 9
    3 ─ 11          5 ─ 7
    5 ─ 9
    7 ─ 7       5 ─ 5 ─ 5
```

$$→ 4+2+1=7(가지)$$

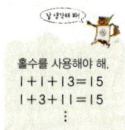

홀수를 사용해야 해.
1+1+13=15
1+3+11=15
⋮

[세 수의 곱]

**2** 16을 세 수의 곱으로 나타내면 다음과 같이 4가지 방법이 있습니다. 같은 방법으로 24를 세 수의 곱으로 나타내는 방법은 모두 몇 가지입니까?  6가지

$$1×1×16=16 \qquad 1×2×8=16$$
$$1×4×4=16 \qquad 2×2×4=16$$

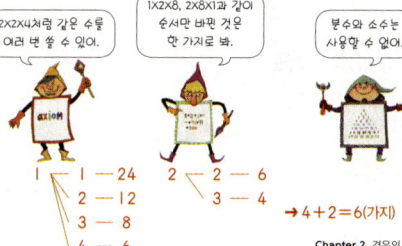

2×2×4처럼 같은 수를 여러 번 쓸 수 있어.

1×2×8, 2×8×1과 같이 순서만 바뀐 것은 한 가지로 봐.

분수와 소수는 사용할 수 없어.

```
1 ─ 1 ─ 24      2 ─ 2 ─ 6
    2 ─ 12          3 ─ 4
    3 ─ 8
    4 ─ 6
```

$$→ 4+2=6(가지)$$

## ⑤ 순서가 있는 가짓수

노크에 나오는 꼬마 요괴는 모두 열둘입니다.

① ② ③ ④ ⑤ ⑥ ⑦ ⑧ ⑨ ⑩ ⑪ ⑫

부하 요괴 열둘이 한 줄로 서 있군.

매일 다른 방법으로 줄을 세워 봐야겠군. 한 1년쯤 걸리겠지.

요괴 열둘을 한 줄로 세우는 방법은 300가지쯤 되겠군. 1년 안에 끝나겠군.

아니야. 3000가지쯤 될 걸. 10년쯤 걸릴 거야.

그보다 훨씬 많을 거야. 100년쯤 걸릴 거야.

아인이가 계산기를 사용하여 꼬마 요괴 열두 마리를 한 줄로 세우는 방법의 수를 구합니다.

한 줄로 세우는 방법은 총 479001600가지야. 4억이 넘는군.

하루에 한 번씩 다른 줄로 세우면 약 130만년이 걸리겠군.

❶ 한입 요괴, 장난 요괴, 울보 요괴가 한 줄로 서는 경우를 나뭇가지 그림으로 나타내시오.

|  첫 번째  |  두 번째  |  세 번째  |
|---|---|---|

```
한입 요괴 ── 장난 요괴 ── 울보 요괴
          └─ 울보 요괴 ── 장난 요괴

장난 요괴 ── 한입 요괴 ── 울보 요괴
          └─ 울보 요괴 ── 한입 요괴

울보 요괴 ── 한입 요괴 ── 장난 요괴
          └─ 장난 요괴 ── 한입 요괴
```

❷ 한입 요괴, 장난 요괴, 울보 요괴가 한 줄로 서는 방법의 수를 곱셈을 이용하여 구할 수 있습니다. □ 안에 알맞은 수를 써넣으시오.

$$\boxed{3} × \boxed{2} × \boxed{1} = \boxed{6}\ (가지)$$

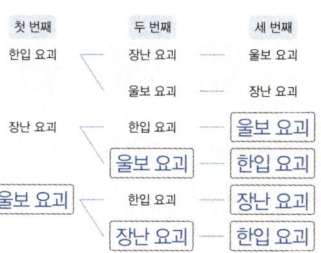

첫 번째에는 한입 요괴, 장난 요괴, 울보 요괴 셋 다섯 수 있어.

첫 번째에 한입 요괴가 서면 두 번째에는 장난 요괴, 울보 요괴 둘 중 하나만 설 수 있어.

첫 번째에 한입 요괴, 두 번째에 장난 요괴가 서면 세 번째는 울보 요괴 하나만 설 수 있어.

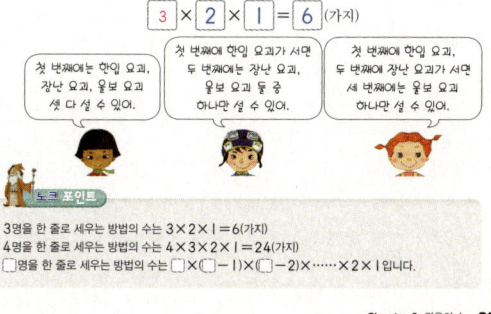

**노크 포인트**

3명을 한 줄로 세우는 방법의 수는 3×2×1=6(가지)
4명을 한 줄로 세우는 방법의 수는 4×3×2×1=24(가지)
□명을 한 줄로 세우는 방법의 수는 □×(□−1)×(□−2)×……×2×1 입니다.

## 🪓 줄 세우기

가, 나, 다, 라 네 사람이 한 줄로 서는 방법은 모두 몇 가지인지 알아봅시다.

❶ 첫 번째 서는 사람이 가, 나, 다, 라인 경우 각각의 나뭇가지 그림을 완성하시오.

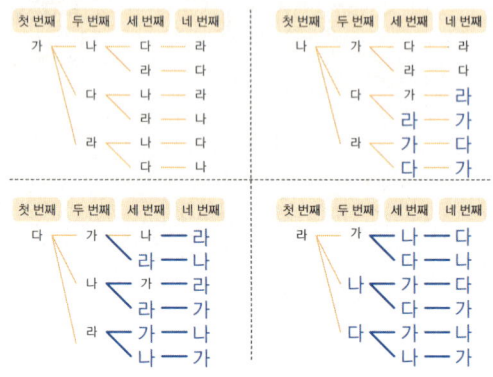

❷ 곱셈을 이용하여 네 사람이 한 줄로 서는 방법의 수를 구하려고 합니다. □ 안에 알맞은 수를 써넣으시오.

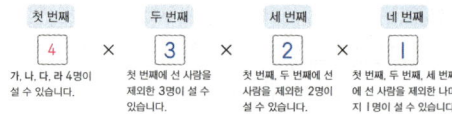

| 첫 번째 | | 두 번째 | | 세 번째 | | 네 번째 |
|---|---|---|---|---|---|---|
| 4 | × | 3 | × | 2 | × | 1 |

가, 나, 다, 라 4명이 설 수 있습니다.

첫 번째에 선 사람을 제외한 3명이 설 수 있습니다.

첫 번째, 두 번째에 선 사람을 제외한 2명이 설 수 있습니다.

첫 번째, 두 번째, 세 번째에 선 사람을 제외한 나머지 1명이 설 수 있습니다.

❸ 네 사람이 한 줄로 서는 방법은 모두 몇 가지입니까? 24가지

[네 자리 수 만들기]

**1** 다음 숫자 카드를 한 번씩 모두 사용하여 만들 수 있는 네 자리 수는 모두 몇 개입니까? **24가지**

$4 \times 3 \times 2 \times 1 = 24$(가지)

1279, 1297, 1729······ 4명을 한 줄로 세우는 방법의 수와 같군.

[쌓기나무 한 줄로 쌓기]

**2** 5가지 색의 쌓기나무가 있습니다. 이 쌓기나무를 한 줄로 쌓는 방법은 모두 몇 가지입니까? **120가지**

$5 \times 4 \times 3 \times 2 \times 1 = 120$(가지)

5가지 색의 쌓기나무를 한 줄로 쌓는 방법과 5명을 한 줄로 세우는 방법의 수가 서로 같습니다.

## 🎨 색칠하는 방법의 수

4개의 사각형으로 이루어진 도형을 빨간색, 파란색, 노란색, 초록색 4가지 색으로 색칠하려고 합니다. 이웃하는 칸은 같은 색으로 칠할 수 없고, 모든 색을 다 쓰지 않아도 됩니다. 색칠하는 방법의 수를 구해 봅시다.

이웃하는 부분이 같은 색이라 안 돼.

3가지 색으로 색칠이 가능해.

❶ ㉠에 칠할 수 있는 색은 4가지입니다. ㉡에 칠할 수 있는 색의 가짓수를 □ 안에 써넣으시오.

| ㉠ 4 | | |
|---|---|---|
| ㉡ 3 | ㉢ 2 | ㉣ 2 |

㉡에는 ㉠에 칠한 색과 다른 색을 칠해야 해.

❷ ㉢에는 ㉠과 ㉡에 칠한 색과 같은 색을 칠할 수 없고, ㉣은 ㉢과 ㉢에 칠한 색과 같은 색을 칠할 수 없습니다. ㉢과 ㉣에 칠할 수 있는 색의 가짓수를 □ 안에 써넣으시오.

❸ 색칠하는 방법의 수를 구하시오.

$4 \times 3 \times 2 \times 2 = 48$ (가지)

[4개의 원 색칠하기]

**1** 다음 4개의 원에 빨간색, 파란색, 노란색, 초록색을 색칠하는 서로 다른 방법은 모두 몇 가지입니까? (단, 이웃하는 원은 같은 색으로 칠할 수 없고, 모든 색을 다 쓰지 않아도 됩니다.) **108가지**

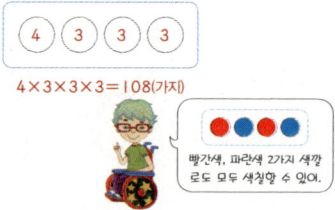

$4 \times 3 \times 3 \times 3 = 108$(가지)

빨간색, 파란색 2가지 색깔로도 모두 색칠할 수 있어.

[5칸 색칠하기]

**2** 다음과 같이 5개의 칸으로 나누어진 원이 있습니다. 4가지 다른 색이 있고 이웃한 부분은 서로 다른 색을 칠한다고 할 때, 색칠할 수 있는 서로 다른 방법은 모두 몇 가지입니까? **96가지**

㉠에는 4가지 색, ㉡에는 3가지 색, ㉢에는 2가지 색을 칠할 수 있어.

$4 \times 3 \times 2 \times 2 \times 2 = 96$(가지)

## ⑥ 순서가 없는 가짓수

울보 요괴가 자전거를 타려고 하는데 갑자기 자물쇠 비밀번호가 생각이 나지 않습니다.

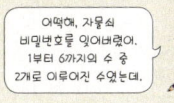
어떡해, 자물쇠 비밀번호를 잊어버렸어. 1부터 6까지의 수 중 2개로 이루어진 수였는데.

12, 13, 14, 15……
나뭇가지 그림을 그려 보니 경우의 수가 너무 많아. 순서가 있는 가짓수에서 배웠는데 6×5=30(개) 수가 있어.

만일 비밀번호가 1과 2로 이루어져 있다면 12를 눌러도, 21을 눌러도 자물쇠는 열려. 그러니까 숫자의 순서는 관계 없겠지!

귀찮게 왜 생각해. 새로 하나 사.

잠만자 요괴          딴지 요괴          장난�꾼 요괴

다음 나뭇가지 그림에서 중복되는 경우를 모두 지우시오. 중복된 경우는 모두 몇 가지입니까? 또, 최대한 몇 번을 시도하면 자전거의 자물쇠를 열 수 있습니까? **15가지, 15번**

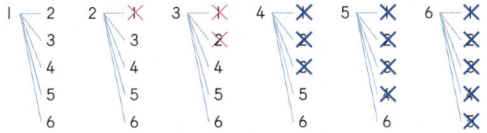

30가지의 경우 중 중복되는 15가지의 경우를 지우고 남은 15가지의 경우 중에 비밀번호가 있습니다. 따라서 최대 15번 시도하면 자물쇠를 열 수 있습니다.

---

숫자카드 4장 중에서 2장을 뽑아 한 줄로 나열하는 경우와 뽑은 2장의 카드를 작은 수부터 한 줄로 나열하는 경우의 수를 각각 구하시오.

작은 수부터 한 줄로 나열한다는 것은 순서가 없다는 거야!

한 줄로 나열하는 경우

 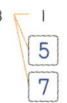 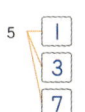 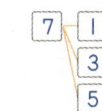

➡ $4 \times 3 = 12$ (가지)

작은 수부터 한 줄로 나열하는 경우

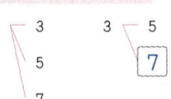 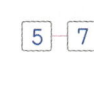

➡ $6$ 가지

**토크 포인트**

□명의 후보 중에서 반장 1명, 부반장 1명을 뽑는 방법의 수는 □×(□−1).
□명의 후보 중에서 대표 2명을 뽑는 방법의 수는 □×(□−1)÷2입니다.
5명의 후보 중에서 반장 1명, 부반장 1명을 뽑는 방법은 5×4=20(가지)이고 대표 2명을 뽑는 방법은 5×4÷2=10(가지)입니다.
약수의 횟수, 리그의 경기 수, 원 위의 두 점을 잇는 선분의 개수는 대표 2명을 뽑는 방법의 수와 같습니다.

---

## 🐭 대표를 뽑는 방법의 수

태경이네 반에서 학급 대표를 뽑기 위해 선거를 합니다. 5명의 후보 중에서 다음과 같이 학급 대표를 뽑는다고 할 때 뽑는 방법의 수를 알아봅시다.

반장 1명, 부반장 1명          대표 2명

가, 나 두 후보가 뽑혔을 때 가가 반장, 나가 부반장인 경우와 나가 반장, 가가 부반장인 경우 두 가지가 있어.

가, 나 두 후보가 대표 2명으로 뽑혔을 때 반장, 부반장의 구분이 없으므로 한 가지 방법 밖에 없어.

❶ 다음은 가, 나, 다, 라, 마 5명 중 반장과 부반장을 뽑는 경우를 나뭇가지 그림으로 나타낸 것의 일부입니다. 반장 1명, 부반장 1명을 뽑는 방법의 수를 구하시오.

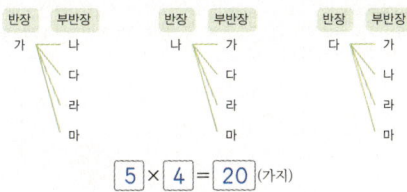

$5 \times 4 = 20$ (가지)

❷ 대표 2명을 뽑는 경우는 반장, 부반장의 구분이 없으므로 ❶에서 구한 방법의 수를 2로 나눕니다. 대표 2명을 뽑는 방법의 수를 구하시오.

$20 \div 2 = 10$ (가지)

---

**[책 고르기]**

**1** 학급 문고에 있는 6권의 책을 한 번에 2권씩 빌릴 수 있다고 합니다. 책을 빌리는 방법은 모두 몇 가지입니까? **15가지**

$6 \times 5 \div 2 = 15$ (가지)

6명 중에서 대표 2명을 뽑는 방법의 수와 같아.

**[대표 뽑기]**

**2** 꼬마 요괴 열둘이 대마왕에게 요구 사항을 전달할 대표 2명을 뽑기로 하였습니다. 요괴 열둘 중에서 대표 2명을 뽑는 방법은 모두 몇 가지입니까?

$12 \times 11 \div 2 = 66$ (가지)

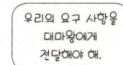
우리의 요구 사항을 대마왕에게 전달해야 해.

혼자서는 무서워서 안 돼. 2명이 가야 해.

---

**10** D8 경우의 수와 통계

## 🤝 악수하는 횟수

회의장에 모인 8명이 서로 한 번씩 빠짐없이 악수를 했습니다. 악수를 모두 몇 번 한 것인지 알아봅시다.

❶ ①번 사람은 자기 자신을 제외한 나머지 사람들과 모두 한 번씩 악수를 합니다. ①번 사람은 몇 번 악수를 하게 됩니까?  **7번**

❷ 회의장에 있는 8명 모두 ①번 사람과 같은 횟수만큼 악수를 합니다. 그런데 악수는 두 사람이 하는 것이므로 악수의 총 횟수를 2로 나누어야 합니다. 악수의 횟수를 구하시오.

$$8 \times 7 \div 2 = 28 \text{(번)}$$

8명이 각각 7번씩 하니까 악수를 모두 8×7=56(번) 하는 군.

아니야. 악수는 두 사람이 하는 것이니 반으로 나누어야지.

신기하다. 악수의 횟수는 8명 중에서 2명의 대표를 뽑는 방법의 수와 같아.

---

[리그의 경기 수]

**1** 경기에 참가한 팀이 다른 팀과 모두 한 번씩 경기를 하여 우승자를 가리는 경기 방식을 리그라고 합니다. 7개 팀이 리그 방식으로 경기를 할 때 모두 몇 번의 경기를 하게 됩니까?  **21번**

$$7 \times 6 \div 2 = 21 \text{(번)}$$

7명이 악수를 하는 횟수와 같군.

[원 위의 선분]

**2** 다음 원 위의 두 점을 이어서 만들 수 있는 서로 다른 선분은 모두 몇 개입니까?  **28개**

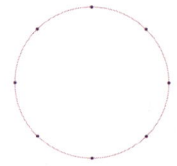

점 8개 중 점 2개를 잇는 방법의 수는 8명 중 대표 2명을 뽑는 방법의 수와 같습니다.
$$8 \times 7 \div 2 = 28 \text{(개)}$$

---

## 👧 창의적 문제해결력

**1** 4를 두 수 또는 세 수의 합으로 나타내는 방법은 3가지입니다. 같은 방법으로 6을 나타내는 방법은 모두 몇 가지입니까? (단, 0은 사용할 수 없고, 더하는 순서만 바뀐 것은 한 가지로 봅니다.)  **6가지**

① 4=1+3    ② 4=2+2    ③ 4=1+1+2

① 두 수의 합: 3가지(1+5=6, 2+4=6, 3+3=6)
② 세 수의 합: 3가지(1+1+4=6, 1+2+3=6, 2+2+2=6)

**2** 마법 나라에서는 깃발의 순서에 따라 나타내는 신호가 모두 다릅니다. 다음 4개의 깃발로 나타낼 수 있는 신호는 모두 몇 가지입니까?  **24가지**

4명을 한 줄로 세우는 방법의 수와 같습니다.
$$4 \times 3 \times 2 \times 1 = 24 \text{(가지)}$$

대마왕이 나타난다는 신호야.

---

♥ 동영상 특강
QR 코드를 찍어 보세요!!!

**3** 한 모둠의 10명의 학생 중 다음과 같이 2명을 뽑는 방법의 수를 구하시오.

❶ 회장 1명, 부회장 1명  **90가지**    ❷ 청소 당번 2명  **45가지**
10×9=90(가지)                          10×9÷2=45(가지)

청소 당번 2명을 뽑는 순서가 중요하지 않지.

**4** 모임에 참가한 5쌍의 부부가 한 명씩 모두 서로 악수를 합니다. 부부끼리는 악수를 하지 않는다고 할 때 총 악수의 횟수를 구하시오.  **40번**

10명의 사람들이 악수를 했어.

부부끼리는 악수를 하지 않아.

10명 중 대표 2명을 뽑는 방법의 수에서 부부끼리 악수를 하는 횟수를 빼면 됩니다.
$$10 \times 9 \div 2 - 5 = 45 - 5 = 40 \text{(번)}$$

# Chapter 3 확률의 기초

54
55

## 7 사건이 일어날 가능성

꼬마 요괴들이 사건이 일어날 가능성에 대해 이야기하고 있습니다.

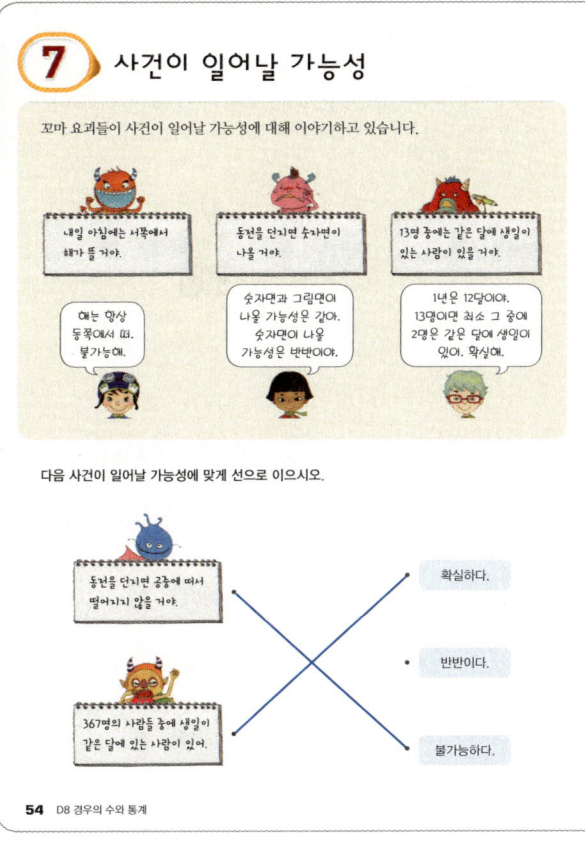

다음 사건이 일어날 가능성에 맞게 선으로 이으시오.

동전을 던지면 공중에 떠서 떨어지지 않을 거야. • • 확실하다.

• • 반반이다.

367명의 사람들 중에 생일이 같은 달에 있는 사람이 있어. • • 불가능하다.

상자 안에 금화 또는 은화가 4개 들어 있습니다. 상자 안에서 동전 하나를 꺼낼 때 금화가 나올 가능성에 ○표 하시오.

| 상자 | 불가능하다 | 가능성이 작다 | 가능성이 반반이다 | 가능성이 크다 | 확실하다 |
|---|---|---|---|---|---|
| | | | | | ○ |
| | | | | ○ | |
| | | | ○ | | |
| | | ○ | | | |
| | ○ | | | | |

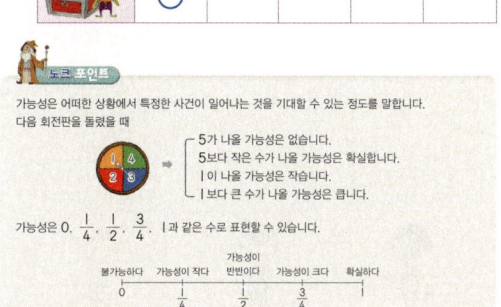

### 노른 포인트

가능성은 어떠한 상황에서 특정한 사건이 일어나는 것을 기대할 수 있는 정도를 말합니다.
다음 회전판을 돌렸을 때

- 5가 나올 가능성은 없습니다.
- 5보다 작은 수가 나올 가능성은 확실합니다.
- I 이 나올 가능성은 작습니다.
- I 보다 큰 수가 나올 가능성은 큽니다.

가능성은 0, $\frac{1}{4}$, $\frac{1}{2}$, $\frac{3}{4}$, I 과 같은 수로 표현할 수 있습니다.

| 불가능하다 | 가능성이 작다 | 가능성이 반반이다 | 가능성이 크다 | 확실하다 |
|---|---|---|---|---|
| 0 | $\frac{1}{4}$ | $\frac{1}{2}$ | $\frac{3}{4}$ | I |

56
57

## 주머니 속 바둑돌

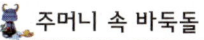

주머니에 검은색 바둑돌 3개와 흰색 바둑돌 I 개가 있습니다.

❶ 바둑돌에 번호를 매겼습니다. 바둑돌 2개를 뽑을 때 나올 수 있는 경우는 모두 몇 가지입니까? 나뭇가지 그림으로 알아보시오.

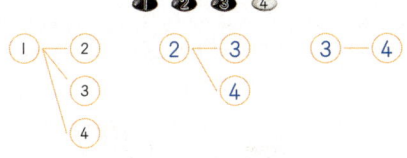

❷ 같은 색 바둑돌이 나오는 경우는 몇 가지입니까? **3가지**

❸ 꺼낸 바둑돌이 같은 색일 가능성을 수직선에서 찾아 ○표 하시오.

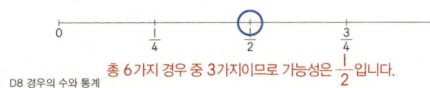

총 6가지 경우 중 3가지이므로 가능성은 $\frac{1}{2}$ 입니다.

[노란색 공을 꺼낼 가능성]

**1** 노란색 공과 초록색 공이 들어 있는 주머니에서 공 I 개를 꺼내려고 합니다. 노란색 공을 꺼낼 가능성에 맞게 주머니와 수직선을 선으로 이으시오.

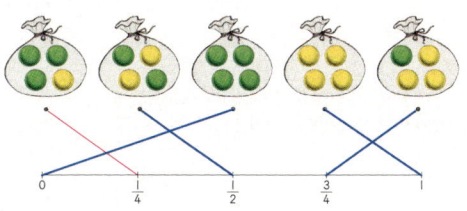

[금화 2개, 은화 1개]

**2** 상자에 금화 2개와 은화 I 개가 들어 있습니다. 상자 속을 보지 않고 동전 2개를 꺼낼 때, 같은 색의 동전이 나올 가능성과 다른 색의 동전이 나올 가능성 중 어느 가능성이 더 큽니까? **다른 색의 동전이 나올 가능성**

- 같은 색의 동전을 꺼내는 방법의 수 ➜ I 가지(금화①-금화②)
- 다른 색의 동전을 꺼내는 방법의 수 ➜ 2가지(금화①-은화, 금화②-은화)

다른 색의 동전을 꺼내는 방법이 더 많으므로 다른 색의 동전을 꺼낼 가능성이 더 큽니다.

## 58 59

### 🩸 혈액형

사람의 혈액형은 A형, B형, AB형, O형 4가지이고 각 혈액형의 유전자 구성은 오른쪽 표와 같습니다.

자녀의 혈액형은 부모의 유전인자를 하나씩 받아 혈액형이 정해집니다. 다음은 유전인자가 AO인 아버지와 BO인 어머니 사이에서 태어날 수 있는 자녀의 혈액형입니다. 아버지가 AB형, 어머니가 B형일 때 그 자녀의 혈액형이 될 가능성이 큰 순서대로 혈액형을 쓰시오.

| 혈액형 | 유전인자 |
|---|---|
| A형 | AA, AO |
| B형 | BB, BO |
| AB형 | AB |
| O형 | OO |

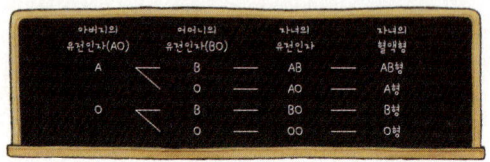

❶ AB형의 유전인자는 AB이고, B형의 유전인자는 BB 또는 BO입니다. 나뭇가지 그림을 완성하시오.

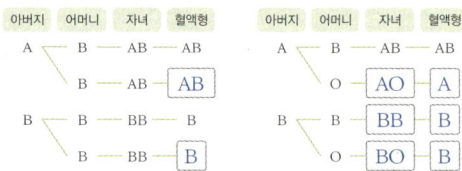

❷ 자녀의 혈액형이 될 가능성이 큰 혈액형부터 차례로 쓰시오.

[ B ]형 ─── [ AB ]형 ─── [ A ]형 ─── [ O ]형

---

[혈액형의 가능성 1]

**1** 아버지가 AB형, 어머니가 O형일 때 자녀의 혈액형이 A형, B형, AB형, O형일 가능성을 수로 나타내시오.

A형: $\dfrac{1}{2}$    B형: $\dfrac{1}{2}$    AB형: $0$    O형: $0$

불가능하면 0, 가능성이 반반이면 $\dfrac{1}{2}$

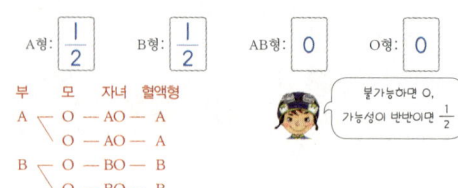

| 부 | 모 | 자녀 | 혈액형 |
|---|---|---|---|
| A | O | AO | A |
| A | O | BO | B |
| B | O | BO | B |

[혈액형의 가능성 2]

**2** 아버지는 유전인자가 AO인 A형이고 어머니는 AB형입니다. 태어난 자녀의 혈액형이 될 가능성이 가장 큰 혈액형과 가장 작은 혈액형을 차례로 쓰시오.   A형, O형

| 부 | 모 | 자녀 | 혈액형 |
|---|---|---|---|
| A | A | AA | A |
| A | B | AB | AB |
| O | A | AO | A |
| O | B | BO | B |

A형일 가능성: $\dfrac{1}{2}$, B형일 가능성: $\dfrac{1}{4}$, AB형일 가능성: $\dfrac{1}{4}$, O형일 가능성: 0

---

## 60 61

### ⑧ 가능성의 크기 비교

두 꼬마 요괴가 동전 던지기 게임을 합니다. 멍하니 요괴가 동전을 던지고 딴짓 요괴는 동전의 숫자면 또는 그림면에 돈을 거는 데 해당 면이 나오면 건 돈의 2배를 받고, 다른 면이 나오면 건 돈을 멍하니 요괴가 가져갑니다.

어떤 사건이 일어날 가능성은 이미 결정되어 있음에도 불구하고 그 사건 전후에 일어난 사건에 의해 영향을 받아 가능성이 변할 것으로 착각하는 것을 도박사의 오류라고 합니다.

1913년 모나코의 몬테카를로 카지노에서 검은색과 빨간색을 선택하는 게임이 있었는데 구슬이 무려 20번이나 연속으로 검은색을 가리켰습니다.

그러자 많은 사람들이 이제는 구슬이 빨간색을 가리킬 것을 확신하고 빨간색에 돈을 걸었습니다. 그러나 구슬은 26번째까지 검은색을 가리킵니다.

많은 사람들이 수많은 돈을 잃은 이 사건에서 '몬테카를로의 오류'라는 말이 생겨났고 도박사의 오류의 대표적인 사건으로 이야기되고 있습니다.

딴짓 요괴에게 '도박사의 오류'에 대해 이야기해 주어야겠어.

---

❶ 멍하니 요괴가 동전을 20번 던졌는데 그림면이 5번, 숫자면이 15번 나왔습니다. 21번째 동전을 던졌을 때 그림면이 나올 가능성을 수직선에서 찾아 ○표 하시오.

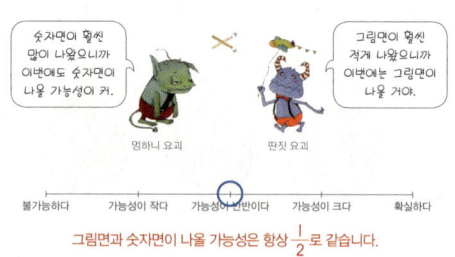

그림면과 숫자면이 나올 가능성은 항상 $\dfrac{1}{2}$로 같습니다.

#### 🧙 느낌 포인트

어떤 가능성이 큰지 작은지 판단할 때에는 경우의 수를 따집니다.
주사위를 던졌을 때

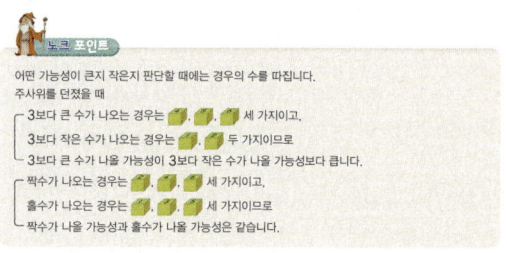

- 3보다 큰 수가 나오는 경우는 🎲🎲🎲 세 가지이고,
- 3보다 작은 수가 나오는 경우는 🎲🎲 두 가지이므로
- 3보다 큰 수가 나올 가능성이 3보다 작은 수가 나올 가능성보다 큽니다.

- 짝수가 나오는 경우는 🎲🎲🎲 세 가지이고,
- 홀수가 나오는 경우는 🎲🎲🎲 세 가지이므로
- 짝수가 나올 가능성과 홀수가 나올 가능성은 같습니다.

정답 및 해설 **13**

## 🦹 주사위 2개 던지기

1부터 6까지의 수가 적힌 주사위 2개를 던져 나온 두 수의 합을 구합니다. 합이 될 가능성이 가장 큰 수를 알아봅시다.

(1, 1)이 나오면 두 수의 합은 2. (6, 6)이 나오면 두 수의 합은 12.

두 수의 합은 2부터 12까지의 수야.

❶ 주사위 2개를 던졌을 때 나오는 두 수의 합을 구하려고 합니다. 표를 완성하시오.

| + | 1 | 2 | 3 | 4 | 5 | 6 |
|---|---|---|---|---|---|---|
| 1 | 2 | 3 | 4 | 5 | 6 | 7 |
| 2 | 3 | 4 | 5 | 6 | 7 | 8 |
| 3 | 4 | 5 | 6 | 7 | 8 | 9 |
| 4 | 5 | 6 | 7 | 8 | 9 | 10 |
| 5 | 6 | 7 | 8 | 9 | 10 | 11 |
| 6 | 7 | 8 | 9 | 10 | 11 | 12 |

❷ ❶에서 두 수의 합이 되는 수가 나온 횟수를 구하여 표를 완성하시오.

| 두 수의 합 | 2 | 3 | 4 | 5 | 6 | 7 | 8 | 9 | 10 | 11 | 12 |
|---|---|---|---|---|---|---|---|---|---|---|---|
| 횟수 | 1 | 2 | 3 | 4 | 5 | 6 | 5 | 4 | 3 | 2 | 1 |

❸ 합이 될 가능성이 가장 큰 수는 무엇입니까? 7

---

[홀수와 짝수가 나올 가능성]

1 주사위 2개를 던져서 나오는 두 수를 곱하면 홀수와 짝수 중 어떤 수가 나올 가능성이 더 큽니까? 짝수

| × | 1 | 2 | 3 | 4 | 5 | 6 |
|---|---|---|---|---|---|---|
| 1 | 1 | 2 | 3 | 4 | 5 | 6 |
| 2 | 2 | 4 | 6 | 8 | 10 | 12 |
| 3 | 3 | 6 | 9 | 12 | 15 | 18 |
| 4 | 4 | 8 | 12 | 16 | 20 | 24 |
| 5 | 5 | 10 | 15 | 20 | 25 | 30 |
| 6 | 6 | 12 | 18 | 24 | 30 | 36 |

홀수는 9번, 짝수는 27번 나오므로 짝수가 나올 가능성이 더 큽니다.

[주사위 두 수의 차]

2 주사위 2개를 던져서 나오는 두 수의 차를 구하고, 차가 될 가능성이 가장 큰 수를 쓰시오. 1

| − | 1 | 2 | 3 | 4 | 5 | 6 |
|---|---|---|---|---|---|---|
| 1 | 0 | 1 | 2 | 3 | 4 | 5 |
| 2 | 1 | 0 | 1 | 2 | 3 | 4 |
| 3 | 2 | 1 | 0 | 1 | 2 | 3 |
| 4 | 3 | 2 | 1 | 0 | 1 | 2 |
| 5 | 4 | 3 | 2 | 1 | 0 | 1 |
| 6 | 5 | 4 | 3 | 2 | 1 | 0 |

1이 나오는 경우가 10번으로 가장 많으므로 1이 나올 가능성이 가장 크다고 할 수 있습니다.

---

## 🐗 유리한 원판

꼬마 요괴 셋이 1부터 9까지의 수 중에서 세 수씩 선택하여 원판에 써넣었습니다. 둘씩 대결하여 화살을 쏘는데 더 큰 수를 맞히면 이깁니다. 게임에서 이길 가능성이 가장 큰 요괴를 알아봅시다. (단, 한 원판 위에서 세 수를 맞힐 가능성은 모두 같습니다.)

9만 맞히면 무조건 이겨.

난 1만 안 맞히면 돼.

장난 요괴   딴짓 요괴   한입 요괴

❶ 장난 요괴와 딴짓 요괴가 대결을 할 때 두 요괴가 맞힌 수별로 이긴 요괴를 써넣은 것입니다. 장난 요괴와 딴짓 요괴 중 누가 승리할 가능성이 큽니까? 딴짓 요괴

| 장난 요괴 \ 딴짓 요괴 | 4 | 5 | 6 |
|---|---|---|---|
| 2 | 딴짓 요괴 | 딴짓 요괴 | 딴짓 요괴 |
| 3 | 딴짓 요괴 | 딴짓 요괴 | 딴짓 요괴 |
| 9 | 장난 요괴 | 장난 요괴 | 장난 요괴 |

❷ ❶과 같은 방법으로 장난 요괴와 한입 요괴, 딴짓 요괴와 한입 요괴의 대결을 알아보시오. 승리할 가능성이 큰 것은 각각 누구입니까? 장난 요괴, 한입 요괴

| 장난 요괴 \ 한입 요괴 | 1 | 7 | 8 |
|---|---|---|---|
| 2 | 장난 요괴 | 한입 요괴 | 한입 요괴 |
| 3 | 장난 요괴 | 한입 요괴 | 한입 요괴 |
| 9 | 장난 요괴 | 장난 요괴 | 장난 요괴 |

| 딴짓 요괴 \ 한입 요괴 | 1 | 7 | 8 |
|---|---|---|---|
| 4 | 딴짓 요괴 | 한입 요괴 | 한입 요괴 |
| 5 | 딴짓 요괴 | 한입 요괴 | 한입 요괴 |
| 6 | 딴짓 요괴 | 한입 요괴 | 한입 요괴 |

---

[승리할 가능성이 높은 원판]

1 각각 5개의 수가 적힌 원판이 있습니다. 화살을 쏘아 더 큰 수를 맞히면 이긴다고 할 때, 어느 원판을 고르는 것이 승리할 가능성이 높습니까? 나

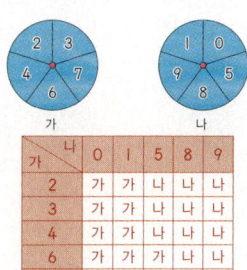

가   나

| 가 \ 나 | 0 | 1 | 5 | 8 | 9 |
|---|---|---|---|---|---|
| 2 | 가 | 가 | 나 | 나 | 나 |
| 3 | 가 | 가 | 나 | 나 | 나 |
| 4 | 가 | 가 | 나 | 나 | 나 |
| 6 | 가 | 가 | 가 | 나 | 나 |
| 7 | 가 | 가 | 가 | 나 | 나 |

[주머니 선택]

2 주머니에 수 구슬이 3개씩 있습니다. 두 사람이 주머니를 1개 선택하여 구슬을 하나 꺼낼 때 더 큰 수가 나오면 이깁니다. 어떤 주머니를 고르면 이길 가능성이 가장 큽니까? 분홍색 주머니

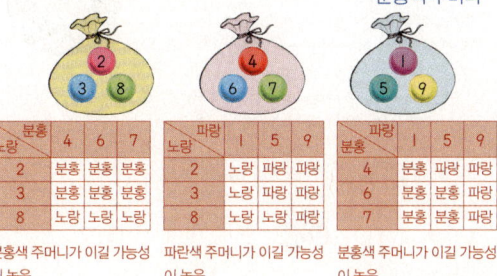

| 노랑 \ 분홍 | 4 | 6 | 7 |
|---|---|---|---|
| 2 | 분홍 | 분홍 | 분홍 |
| 3 | 분홍 | 분홍 | 분홍 |
| 8 | 노랑 | 노랑 | 노랑 |

| 노랑 \ 파랑 | 1 | 5 | 9 |
|---|---|---|---|
| 2 | 노랑 | 파랑 | 파랑 |
| 3 | 노랑 | 파랑 | 파랑 |
| 8 | 노랑 | 노랑 | 파랑 |

| 분홍 \ 파랑 | 1 | 5 | 9 |
|---|---|---|---|
| 4 | 분홍 | 파랑 | 파랑 |
| 6 | 분홍 | 분홍 | 파랑 |
| 7 | 분홍 | 분홍 | 파랑 |

분홍색 주머니가 이길 가능성이 높음

파란색 주머니가 이길 가능성이 높음

분홍색 주머니가 이길 가능성이 높음

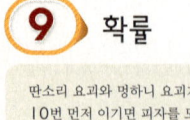 **확률**

66
67

딴소리 요괴와 멍하니 요괴가 주사위를 던져서 큰 수가 나오면 이기는 게임을 합니다. 10번 먼저 이기면 피자를 모두 먹기로 하였습니다.

내가 9번 이겼어. 이제 1번만 더 이기면 피자는 모두 내 거야.

난 7번 이겼어. 3번을 연속해서 이겨야 해.

딴소리 요괴    멍하니 요괴

그런데 주사위가 구멍에 빠져 버려서 더이상 게임을 할 수 없게 되었습니다.

내가 더 많이 이겼으니 피자는 모두 내 거야.

앞일은 모르는 건데 이런 게임은 무효로 해.

두 요괴가 서로 옳다고 우기는데 아인이는 공평하게 나눌 방법이 있다고 합니다.

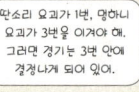 

딴소리 요괴가 1번, 멍하니 요괴가 3번을 이겨야 해. 그러면 경기는 3번 안에 결정나게 되어 있어. 경기를 3번 할 때 나오는 경우는 8가지가 있어. 그 경우를 따져서 분배를 하면 공평해.

아인

66  D8 경우의 수와 통계

---

🌀 3번의 게임을 할 때 나올 수 있는 경우의 수는 모두 8가지입니다. 아인이의 방법대로 피자를 나누는 방법을 분수로 나타내시오.

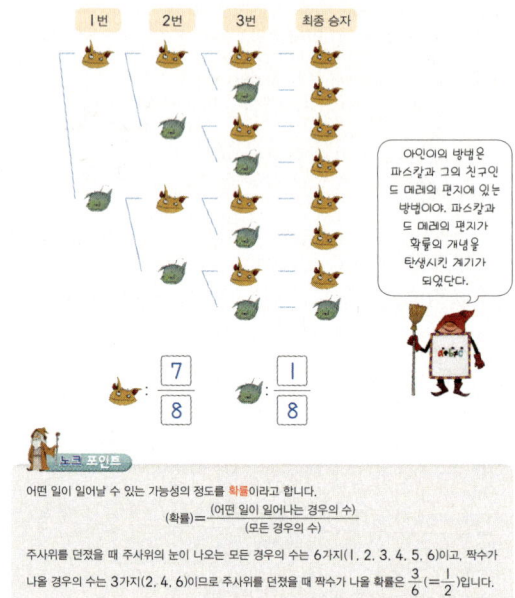

| 1번 | 2번 | 3번 | 최종 승자 |

아인이의 방법은 파스칼과 그의 친구인 드 메레의 편지에 있는 방법이야. 파스칼과 드 메레의 편지가 확률의 개념을 탄생시킨 계기가 되었단다.

$\dfrac{7}{8}$ : $\dfrac{1}{8}$

🦉 **노트 포인트**

어떤 일이 일어날 수 있는 가능성의 정도를 **확률**이라고 합니다.

$$(확률) = \dfrac{(어떤 일이 일어나는 경우의 수)}{(모든 경우의 수)}$$

주사위를 던졌을 때 주사위의 눈이 나오는 모든 경우의 수는 6가지(1, 2, 3, 4, 5, 6)이고, 짝수가 나올 경우의 수는 3가지(2, 4, 6)이므로 주사위를 던졌을 때 짝수가 나올 확률은 $\dfrac{3}{6} \left(= \dfrac{1}{2}\right)$입니다.

Chapter 3 확률의 기초  67

---

🐲 **간단한 확률 구하기**

68
69

동전 2개를 던졌을 때 일어날 수 있는 여러 가지 확률을 알아봅시다.

사건이 일어날 가능성을 수로 나타낸 것을 확률이라고 해.

$\dfrac{(어떤 사건이 일어나는 경우의 수)}{(모든 경우의 수)}$

경우의 수는 가짓수를 말하는 거야.

❶ 동전 2개를 던졌을 때 나오는 모든 경우의 수는 4입니다. 동전 2개를 던졌을 때 서로 다른 면이 나오는 경우의 수는 얼마입니까?  **2**

| 동전 1 | 숫자면 | 숫자면 | 그림면 | 그림면 |
|---|---|---|---|---|
| 동전 2 | 숫자면 | 그림면 | 숫자면 | 그림면 |

❷ 동전 2개를 던졌을 때 서로 다른 면이 나오는 확률을 구하시오.

$$\dfrac{(서로 다른 면이 나오는 경우의 수)}{(모든 경우의 수)} = \dfrac{2}{4}$$

❸ 동전 2개를 던졌을 때 동전 2개 모두 그림면이 나올 확률과 숫자면이 나올 확률을 각각 구하시오.

• 그림면이 나올 확률: $\dfrac{1}{4}$    • 숫자면이 나올 확률: $\dfrac{1}{4}$

68  D8 경우의 수와 통계

---

[주머니 속 공의 확률]

**1** 다음 주머니에서 공 하나를 뽑을 때 파란색 공이 나올 확률을 구하시오.

  $\dfrac{3}{7}$

$$\dfrac{(파란색 공을 뽑는 경우의 수)}{(공 하나를 뽑는 모든 경우의 수)} = \dfrac{3}{7}$$

[주사위 확률]

**2** 1부터 6까지의 수가 적힌 주사위 하나를 던집니다. 다음 확률을 구하시오.

❶ 홀수가 나올 확률: $\dfrac{3}{6}$
(1, 3, 5)

❷ 4보다 큰 수가 나올 확률: $\dfrac{2}{6}$
(5, 6)

❸ 5가 나올 확률: $\dfrac{1}{6}$
(5)

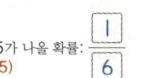

주사위를 던졌을 때 나올 수 있는 모든 경우의 수는 6이야.

Chapter 3 확률의 기초  69

정답 및 해설  **15**

## 🐷 파스칼과 드 메레

확률 이론의 기초를 세운 파스칼은 친구 드 메레에게 한 통의 편지를 받습니다. 편지를 보고 가와 나가 내기에서 이길 확률을 각각 구해 봅시다.

친애하는 파스칼
내가 알고 있는 가, 나 두 사람이 내기를 했다네.
게임을 한 번 해서 이기면 1점을 얻는데 먼저 5점을 얻는 사람이 내기에 건 돈을 모두 가져가기로 했어.
이 내기에서 가는 3점, 나는 2점을 얻었는데 사정이 생겨 이 게임을 더 이상 할 수 없게 되었지.
게임을 무효로 하자니 먼저 3점을 낸 가가 억울하고 가가 이긴 걸로 하기에는 알맞은 ... 모르겠네.

(말풍선) 이 게임은 9번 해서 5번을 이기는 9전 5선승제 게임이야.

❶ 남은 게임 4번을 모두 했을 때를 가정하여 게임의 승자를 표에 나타내었습니다. 빈 칸에 최종 승자를 쓰시오.

|   | 게임 1 | 게임 2 | 게임 3 | 게임 4 | 최종 승자 |
|---|---|---|---|---|---|
| 1 | 가 | 가 | 가 | 가 | 가 |
| 2 | 가 | 가 | 가 | 나 | 가 |
| 3 | 가 | 가 | 나 | 가 | 가 |
| 4 | 가 | 나 | 가 | 가 | 가 |
| 5 | 나 | 가 | 가 | 가 | 가 |
| 6 | 가 | 가 | 나 | 나 | 가 |
| 7 | 가 | 나 | 가 | 나 | 가 |
| 8 | 나 | 가 | 가 | 나 | 가 |

|   | 게임 1 | 게임 2 | 게임 3 | 게임 4 | 최종 승자 |
|---|---|---|---|---|---|
| 9 | 나 | 가 | 가 | 가 | 가 |
| 10 | 나 | 나 | 가 | 가 | 나 |
| 11 | 가 | 나 | 나 | 가 | 나 |
| 12 | 가 | 나 | 나 | 나 | 나 |
| 13 | 나 | 가 | 나 | 나 | 나 |
| 14 | 나 | 나 | 가 | 나 | 나 |
| 15 | 나 | 나 | 나 | 가 | 나 |
| 16 | 나 | 나 | 나 | 나 | 나 |

❷ 가와 나가 이길 확률을 차례로 쓰시오. $\frac{11}{16}$, $\frac{5}{16}$

[회전판 확률]

1 다음과 같은 세 종류의 회전판이 있습니다. 화살표가 색칠한 칸을 가리키게 될 확률을 각각 구하여 □ 안에 써넣으시오.

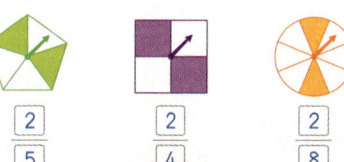

$\frac{2}{5}$   $\frac{2}{4}$   $\frac{2}{8}$

(색칠한 칸을 가리킬 확률)$=\dfrac{\text{(색칠한 칸의 수)}}{\text{(총 칸의 수)}}$

[두 색깔 주사위]

2 다음 주사위 2개를 던졌을 때 파란색 주사위의 수가 초록색 주사위의 수보다 큰 수가 나올 확률을 구하시오. $\frac{15}{36}$

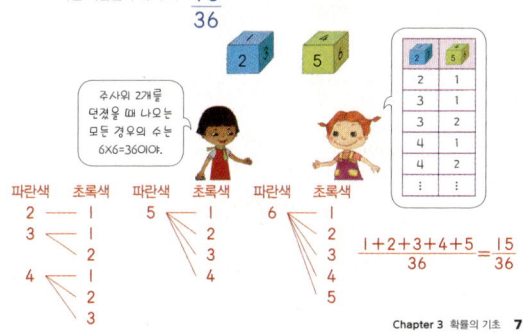

(말풍선) 주사위 2개를 던졌을 때 나오는 모든 경우의 수는 6×6=36이야.

| 파란색 | 초록색 | 파란색 | 초록색 | 파란색 | 초록색 |
|---|---|---|---|---|---|
| 2 | 1 | 5 | 1 | 6 | 1 |
| 3 | 1 |   | 2 |   | 2 |
|   | 2 |   | 3 |   | 3 |
| 4 | 1 |   | 4 |   | 4 |
|   | 2 |   |   |   | 5 |
|   | 3 |   |   |   |   |

$\dfrac{1+2+3+4+5}{36}=\dfrac{15}{36}$

## 👧 창의적 문제해결력

1 다트를 던져 과녁판의 파란색을 맞힐 가능성에 맞게 과녁판과 수직선을 선으로 이으시오.

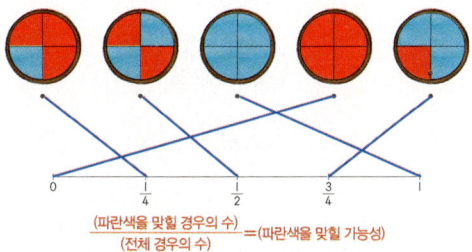

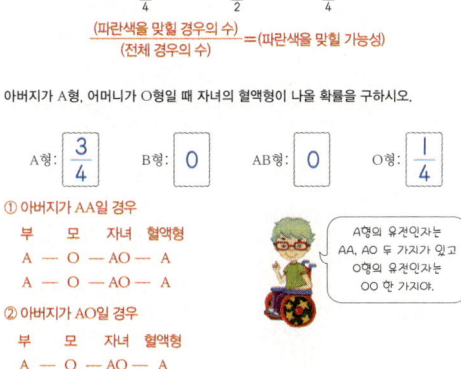

0   $\frac{1}{4}$   $\frac{2}{4}$   $\frac{3}{4}$   1

(파란색을 맞힐 경우의 수)/(전체 경우의 수)=(파란색을 맞힐 가능성)

2 아버지가 A형, 어머니가 O형일 때 자녀의 혈액형이 나올 확률을 구하시오.

A형: $\dfrac{3}{4}$   B형: 0   AB형: 0   O형: $\dfrac{1}{4}$

① 아버지가 AA일 경우

| 부 | 모 | 자녀 | 혈액형 |
|---|---|---|---|
| A | O | AO | A |
| A | O | AO | A |

(말풍선) A형의 유전인자는 AA, AO 두 가지이고 O형의 유전인자는 OO 한 가지야.

② 아버지가 AO일 경우

| 부 | 모 | 자녀 | 혈액형 |
|---|---|---|---|
| A | O | AO | A |
| O | O | OO | O |

♥ 동영상 특강
QR 코드를 찍어 보세요!

3 마주 보는 면의 수가 같은 주사위 3개가 있습니다. 두 사람이 주사위를 각각 하나씩 골라 던져서 큰 수가 나오면 이기는 게임을 합니다.

(말풍선) 마주 보는 면의 수가 같으니까 한 주사위에는 3개의 수가 적혀 있는 거네.

(말풍선) 마방진의 세 수군. 합이 모두 15로 같아.

| 8 | 1 | 6 |
|---|---|---|
| 3 | 5 | 7 |
| 4 | 9 | 2 |

❶ 두 사람이 각각 빨간색 주사위와 파란색 주사위를 하나씩 골랐습니다. 어떤 주사위를 고른 사람이 이길 가능성이 큽니까? 파란색 주사위

| | 빨강 |  |  |
|---|---|---|---|
| 파랑 | 1 | 5 | 9 |
| 2 | 파랑 | 빨강 | 빨강 |
| 6 | 파랑 | 파랑 | 빨강 |
| 7 | 파랑 | 파랑 | 빨강 |

파랑: 5  빨강: 4

❷ 상대방이 파란색 주사위를 고를 때 어떤 주사위를 고르는 것이 이길 가능성이 큽니까? 초록색 주사위

| | 초록 |  |  |
|---|---|---|---|
| 파랑 | 2 | 6 | 7 |
| 3 | 초록 | 초록 | 초록 |
| 4 | 파랑 | 파랑 | 초록 |
| 8 | 파랑 | 파랑 | 초록 |

초록: 5  파랑: 4

초록색 주사위를 고른 사람이 파란색 주사위를 고른 사람보다 이길 가능성이 더 큽니다.

❸ 상대방이 초록색 주사위를 고를 때 어떤 주사위를 고르는 것이 이길 가능성이 큽니까? 빨간색 주사위

| | 빨강 |  |  |
|---|---|---|---|
| 초록 | 1 | 5 | 9 |
| 3 | 초록 | 빨강 | 빨강 |
| 4 | 초록 | 빨강 | 빨강 |
| 8 | 초록 | 초록 | 빨강 |

빨강: 5  초록: 4

# 평균과 그래프

## ⑩ 꺾은선그래프

아이들이 주제를 정해서 꺾은선그래프를 그렸습니다.

> 최근 6년 동안 해가 갈수록 졸업생 수가 줄어들고 있어.

**우리 학교 졸업생 수** ─ 아인

> 오전 11시부터 오후 4시까지 교실의 온도를 재었어. 오후 2시에 온도가 가장 높아.

**교실의 온도** ─ 지오

> 6살부터 현재까지의 내 몸무게야. 계속 늘어나고 있어.

**나의 몸무게** ─ 태경

아이들이 그린 꺾은선그래프를 찾아 그래프의 제목을 쓰시오.
**가로, 세로 눈금을 무엇으로 할지 정한 후, 그래프를 해석해 봅니다.**

**나의 몸무게**

**우리 학교 졸업생 수**

**교실의 온도**

> 그래프의 제목과 가로, 세로 눈금을 지워버렸어.

---

🔆 교실의 온도를 매월 1일 12시에 조사하여 꺾은선그래프로 나타내었습니다. 물음에 답하시오.

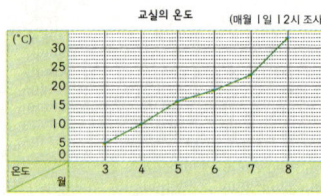

교실의 온도   (매월 1일 12시 조사)

- 6월 1일 12시에 교실의 온도는 몇 °C입니까?   **19 °C**

- 세로 눈금 한 칸은 몇 °C를 나타냅니까?   **1 °C**

- 가장 기온이 높은 달은 몇 월입니까?   **8월**

- 온도 변화가 가장 클 때는 몇 월과 몇 월 사이입니까?   **7월과 8월 사이**
  **기울어진 정도가 심할수록 온도 변화가 큽니다.**

🧙 **노크 포인트**

연속적으로 변화하는 양을 점으로 찍고 그 점들을 선분으로 연결하여 나타낸 그래프를 **꺾은선그래프**라고 하며, 시간에 따른 변화를 나타내기에 좋습니다.

꺾은선그래프를 그릴 때에는
① 가로, 세로 눈금을 무엇으로 할지 정한 후 세로 눈금 한 칸의 크기를 정합니다.
② 가로 눈금과 세로 눈금이 만나는 지점에 점을 찍고, 점들을 선분으로 연결합니다.
③ 꺾은선그래프의 제목을 정합니다.

---

## 🐲 꺾은선그래프의 해석

다음 그래프는 어느 해의 1월부터 10월까지 맑은 날과 흐린 날의 수를 조사하여 나타낸 것입니다. 물음에 답하시오.

맑은 날과 흐린 날

─ 맑은 날
─ 흐린 날

❶ 이 해의 2월은 28일까지 있습니다. 2월에는 맑은 날과 흐린 날을 제외한 날에는 모두 비나 눈이 왔다고 할 때, 비나 눈이 온 날은 며칠입니까?   **8일**
  28−(5+15)=8(일)

❷ 맑은 날이 가장 많은 달과 흐린 날이 가장 많은 달을 차례로 쓰시오.   **2월, 5월**

❸ 1월부터 10월까지 맑은 날이 흐린 날보다 많은 달은 모두 몇 개월입니까?   **4개월**
  **1월, 2월, 3월, 10월**

| 날씨 | 월 | 1 | 2 | 3 | 4 | 5 | 6 | 7 | 8 | 9 | 10 |
|---|---|---|---|---|---|---|---|---|---|---|---|
| 맑은 날 또는 흐린 날(일) | | 19 | 20 | 13 | 16 | 24 | 17 | 17 | 13 | 20 | 20 |
| 비나 눈이 온 날(일) | | 12 | 8 | 18 | 14 | 7 | 13 | 14 | 18 | 10 | 11 |

❹ 맑은 날과 흐린 날을 제외한 나머지 날은 비나 눈이 온 날입니다. 1월부터 10월까지 비나 눈이 가장 적게 온 달은 몇 월입니까?   **5월**

---

[초이의 용돈]
**1** 다음은 초이가 1월부터 8월까지 받은 용돈과 쓴 돈을 그래프로 나타낸 것입니다. 물음에 답하시오. (단, 쓰고 남은 돈은 다음 달에 쓸 수 있다고 합니다.)

> 내가 받은 용돈과 쓴 돈을 그래프로 나타내었어.

초이

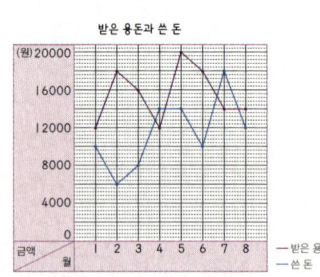

받은 용돈과 쓴 돈

─ 받은 용돈
─ 쓴 돈

❶ 1월에 받은 용돈은 12000원이고, 쓴 돈은 10000원입니다. 1월에 남은 돈은 얼마입니까?   **2000원**
  12000−10000=2000(원)

❷ 받은 용돈보다 쓴 돈이 더 많은 달은 몇 개월입니까?   **2개월**
  **4월, 7월**

❸ 받은 용돈과 쓴 돈의 차이가 가장 많은 달은 몇 월입니까?   **2월**
  **두 그래프 사이의 간격이 가장 큰 달은 2월입니다.**

❹ 1월부터 8월까지 남은 돈은 모두 얼마입니까?   **32000원**

| 월 | 1 | 2 | 3 | 4 | 5 | 6 | 7 | 8 | 합계 |
|---|---|---|---|---|---|---|---|---|---|
| 남은 돈(원) | 2000 | 12000 | 8000 | −2000 | 6000 | 8000 | −4000 | 2000 | 32000 |

### 🐲 잘못된 그래프

잘난척 요괴와 잠만자 요괴가 꺾은선그래프를 그렸습니다. 잘못된 부분을 찾아봅시다.

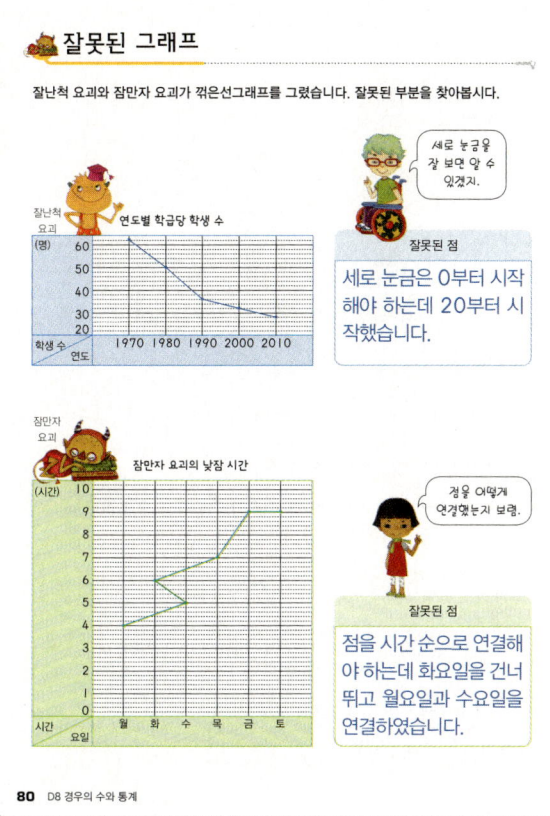

세로 눈금을 잘 보면 알 수 있겠지.

**잘못된 점**

세로 눈금은 0부터 시작해야 하는데 20부터 시작했습니다.

점은 어떻게 연결했는지 보렴.

**잘못된 점**

점을 시간 순으로 연결해야 하는데 화요일을 건너뛰고 월요일과 수요일을 연결하였습니다.

[잘못된 부분 찾기]

**1** 꼬마 요괴들이 그린 꺾은선그래프를 보고 잘못된 부분을 찾아 빈 곳에 쓰시오.

1만 명당 승용차 보유 대수 · 딴짓 요괴

**잘못된 점**

세로 눈금 한 칸의 크기가 다릅니다.

월별 강수량 · 한입 요괴

**잘못된 점**

가로 눈금 한 칸이 나타내는 기간이 일정하지 않습니다.

줄넘기 횟수 · 뛰어 요괴

**잘못된 점**

세로 눈금과 가로 눈금이 만나는 곳에 점을 찍어야 하는데 다른 곳에 찍었습니다.

## ⑪ 평균

태경이네 반에서 줄넘기 대회에 나갈 반대표를 뽑습니다.

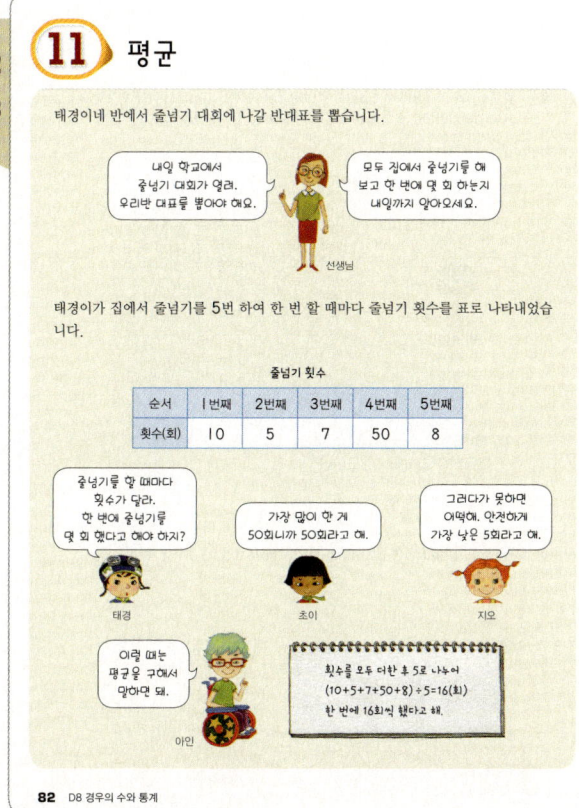

내일 학교에서 줄넘기 대회가 열려. 우리반 대표를 뽑아야 해요.

모두 집에서 줄넘기를 해 보고 한 번에 몇 회 하는지 내일까지 알아오세요.

선생님

태경이가 집에서 줄넘기를 5번 하여 한 번 할 때마다 줄넘기 횟수를 표로 나타내었습니다.

#### 줄넘기 횟수

| 순서 | 1번째 | 2번째 | 3번째 | 4번째 | 5번째 |
|---|---|---|---|---|---|
| 횟수(회) | 10 | 5 | 7 | 50 | 8 |

줄넘기를 할 때마다 횟수가 달라. 한 번에 줄넘기를 몇 회 했다고 해야 하지?

가장 많이 한 게 50회니까 50회라고 해.

그러다가 못하면 어떡해. 안전하게 가장 낮은 5회라고 해.

이럴 때는 평균을 구해서 말하면 돼.

횟수를 모두 더한 후 5로 나누어 (10+5+7+50+8)÷5=16(회) 한 번에 16회씩 했다고 해.

아인

꼬마 요괴들이 서로 자기가 시험을 잘 보았다고 다투고 있습니다. 누가 가장 시험을 잘 보았다고 할 수 있습니까? 평균을 구해 알아보시오.

**평균이 모두 같으므로 누가 가장 시험을 잘 보았다고 할 수 없습니다.**

#### 시험 성적

| 이름 \ 과목 | 마법 | 수학 | 요괴 언어 | 연금술 |
|---|---|---|---|---|
| (점) | 50 | 50 | 30 | 70 |
| (점) | 20 | 30 | 100 | 50 |
| (점) | 30 | 40 | 70 | 60 |

나는 세 과목에서 1등을 했어.

100점을 맞은 건 나밖에 없어.

꼴찌를 한 과목이 하나도 없어.

딴소리 요괴 · 거꾸로 요괴 · 잘난척 요괴

딴소리 요괴의 평균: (50+50+30+70)÷4=50
거꾸로 요괴의 평균: (20+30+100+50)÷4=50
잘난척 요괴의 평균: (30+40+70+60)÷4=50

#### 🦔 노크 포인트

각 자료의 값을 모두 더하여 자료의 수로 나누는 것을 그 자료를 대표하는 값으로 정할 때 이 값을 **평균**이라고 합니다.

(평균)=(자료 값의 합)÷(자료의 수)

3, 5, 6, 4, 7이 있을 때 5개의 수의 평균은 (3+5+6+4+7)÷5=5입니다.

## 🦣 평균을 이용한 문제 해결

태경이와 지오의 일주일간 수면 시간을 조사한 표입니다. 두 아이의 평균 수면 시간이 같다고 할 때, 물음에 답하시오.

태경이와 지오의 수면 시간

| 요일\n이름 | 월 | 화 | 수 | 목 | 금 | 토 | 일 |
|---|---|---|---|---|---|---|---|
| 태경의\n수면 시간 | 7 | 8 | 9 | 6 | 8 | 6 | 5 |
| 지오의\n수면 시간 | 6 | 7 | 6 | 6 | 5 | 9 | |

 토요일, 일요일은 아침 일찍 운동을 해.

 토요일, 일요일은 늦잠 자는 날이야.

태경                지오

❶ 월요일부터 일요일까지 태경이의 총 수면 시간과 평균 수면 시간을 각각 구하시오.

총 수면 시간: [49] 시간    평균 수면 시간: [7] 시간

49÷7=7(시간)

❷ 태경이와 지오의 평균 수면 시간이 같습니다. 지오의 총 수면 시간은 몇 시간입니까?

49시간

❸ 지오의 일요일 수면 시간을 구하시오.  [10시간]

6+7+6+6+5+9+□=49(시간)   □=10(시간)

---

[제기 차기 기록]
**1** 딴짓 요괴와 멍하니 요괴의 제기 차기 기록입니다. 두 요괴의 제기 차기 평균이 같다고 할 때, 빈칸에 알맞은 수를 써넣으시오.  [7번]

제기 차기 기록

| 순서 | 1회 | 2회 | 3회 | 4회 |
|---|---|---|---|---|
| 딴짓 요괴 | 3번 | 7번 | 6번 | 4번 |
| 멍하니 요괴 | 10번 | 1번 | 2번 | 번 |

3+7+6+4=10+1+2+□
20=13+□
□=7(번)

[독서량 평균]
**2** 초이가 6개월 동안 읽은 독서량을 나타낸 표입니다. 8월에는 7월보다 2권 더 읽었고 6개월 동안 매달 평균 5권을 읽었다고 할 때, 7월과 8월에 각각 몇 권씩 읽었습니까?

초이의 독서량

| 월 | 3 | 4 | 5 | 6 | 7 | 8 |
|---|---|---|---|---|---|---|
| 독서량(권) | 3 | 2 | 4 | 5 | | |

7월: [7] 권    8월: [9] 권

7월에 □권, 8월에 (□+2)권 읽었다고 할 때
(3+2+4+5+□+□+2)÷6=5
16+□×2=30
□=7

---

## 🎒 평균과 그래프

다음은 태경이의 수학 점수를 그래프로 나타낸 것입니다.

태경이의 수학 점수

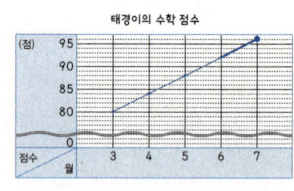

점점 수학 점수가 오르고 있군.

❶ 3월부터 6월까지 태경이의 수학 점수를 표의 빈칸에 써넣으시오.

태경이의 수학 점수

| 월 | 3월 | 4월 | 5월 | 6월 |
|---|---|---|---|---|
| 점수(점) | 80 | 84 | 88 | 92 |

❷ 3월부터 6월까지 태경이의 수학 점수 평균을 구하시오.  86점

(80+84+88+92)÷4=86(점)

❸ 3월부터 7월까지의 평균 점수가 3월부터 6월까지의 평균 점수보다 2점 높다고 합니다. 7월의 수학 점수를 구하고 꺾은선그래프에 7월 성적을 표시하여 그래프를 완성하시오.  96점

(80+84+88+92+□)÷5=88
(344+□)÷5=88
□=96

---

[요괴의 멀리뛰기 기록]
**1** 다음은 꼬마 요괴들의 멀리뛰기 기록을 나타낸 그래프입니다. 물음에 답하시오.

멀리 뛰기

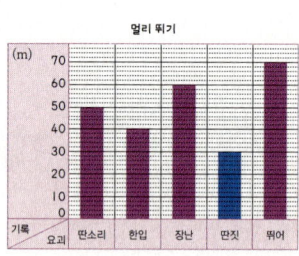

❶ 딴소리 요괴, 한입 요괴, 장난 요괴, 뛰어 요괴의 멀리뛰기 평균을 구하시오.
55m

(50+40+60+70)÷4=55(m)

❷ 딴짓 요괴를 포함한 다섯 요괴의 평균이 네 요괴의 평균보다 5m 낮습니다. 딴짓 요괴의 멀리뛰기 기록을 구하고, 그래프를 완성하시오.  30m

(50+40+60+□+70)÷5=50(m)
(220+□)÷5=50(m)
□=30

 딴짓 요괴에게 멀리 뛰는 방법을 알려줘야겠어.

## 12 그래프의 해석

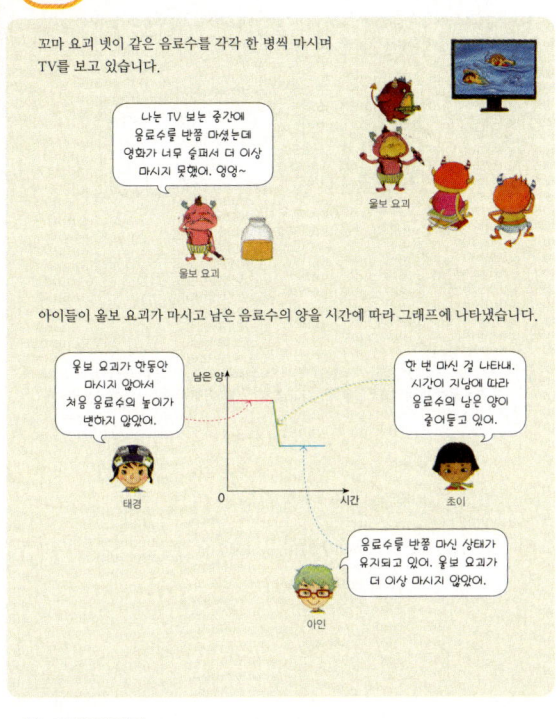

꼬마 요괴 넷이 같은 음료수를 각각 한 병씩 마시며 TV를 보고 있습니다.

나는 TV 보는 중간에 음료수를 반쯤 마셨는데 영화가 너무 슬퍼서 더 이상 마시지 못했어. 엉엉~

울보 요괴

아이들이 울보 요괴가 마시고 남은 음료수의 양을 시간에 따라 그래프에 나타냈습니다.

울보 요괴가 한동안 마시지 않아서 처음 음료수의 높이가 변하지 않았어.

태경

한 번 마신 걸 나타내. 시간이 지남에 따라 음료수의 남은 양이 줄어들고 있어.

초이

음료수를 반쯤 마신 상태가 유지되고 있어. 울보 요괴가 더 이상 마시지 않았어.

아인

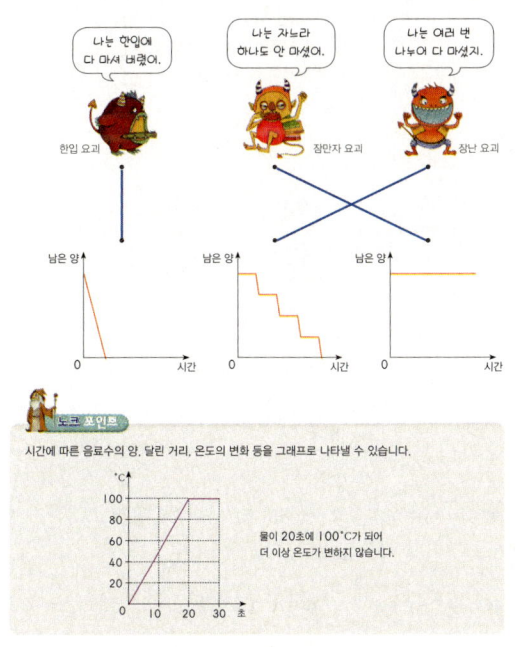

다음은 다른 요괴 셋이 마신 음료수의 남은 양과 시간과의 그래프입니다. 알맞은 그래프를 찾아 선으로 연결하시오.

나는 한입에 다 마셔 버렸어.

한입 요괴

나는 자느라 하나도 안 마셨어.

잠만자 요괴

나는 여러 번 나누어 다 마셨지.

장난 요괴

**노크 포인트**

시간에 따른 음료수의 양, 달린 거리, 온도의 변화 등을 그래프로 나타낼 수 있습니다.

물이 20초에 100°C가 되어 더 이상 온도가 변하지 않습니다.

## 물통과 그래프

일정한 속도로 세 종류의 물통에 물을 채우는 시간과 통에 채운 물의 높이 사이의 관계를 알아봅시다.

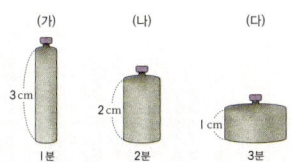

(가) 3cm 1분
(나) 2cm 2분
(다) 1cm 3분

❶ 물통 아래에 적힌 시간은 물을 가득 채우는 데 걸리는 시간입니다. 다음 표에 각 물통에 1분 동안 채우는 물의 높이를 쓰시오.

| 물통 | (가) | (나) | (다) |
|---|---|---|---|
| 1분 동안 채우는 물의 높이 | 3cm | 1cm | $\frac{1}{3}$cm |

❷ 3종류의 물통에 물을 채우는 시간과 물의 높이를 그래프로 나타내시오.

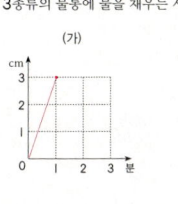
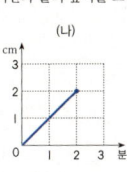
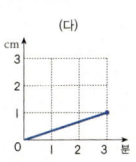

[물을 채울 때의 그래프 그리기]

**1** 다음은 왼쪽 세 종류의 물통을 이어 붙여 새로운 물통을 만들고 이 물통에 물을 채울 때 시간에 따른 물의 높이를 그래프로 나타낸 것입니다.

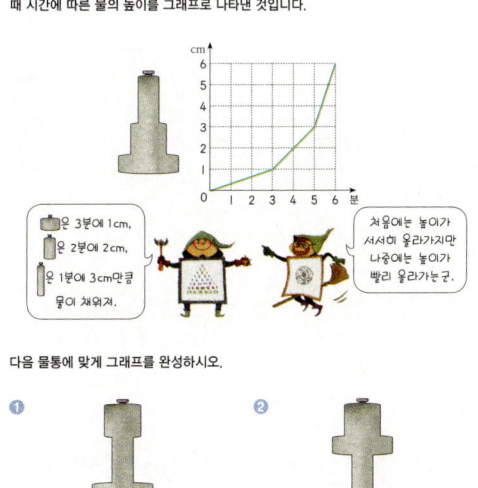

요괴 3분에 1cm, 요괴 2분에 2cm, 요괴 1분에 3cm큼 물이 채워져.

처음에는 높이가 서서히 올라가지만 나중에는 높이가 빨리 올라가는군.

다음 물통에 맞게 그래프를 완성하시오.

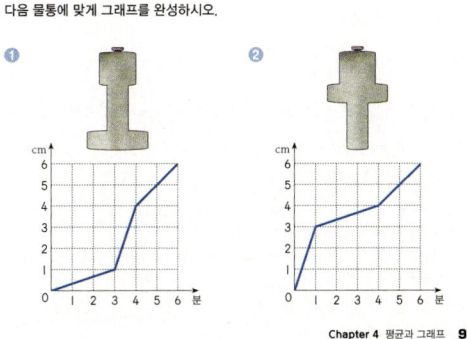

❶

❷

# 달리기 시합

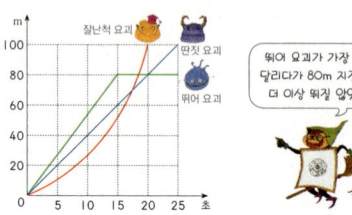

꼬마 요괴 셋이 달리기 시합을 하였습니다. 시간과 달린 거리와의 관계를 그래프로 나타낸 것을 보고, 물음에 답하시오.

뛰어 요괴가 가장 빨리 달리다가 80m 지점부터 더 이상 뛰질 않았어.

**①** 달리기 시작한지 10초가 지났을 때 가장 앞에 달리고 있는 요괴는 누구입니까? **뛰어 요괴**

달리기 시작한지 10초가 지났을 때 뛰어 요괴, 딴짓 요괴, 잘난척 요괴 순서로 달리고 있습니다.

**②** 뛰어 요괴, 딴짓 요괴, 잘난척 요괴 중 하나는 시합 도중 넘어져 경기를 포기하였습니다. 넘어진 요괴는 누구이고, 몇 m 지점에서 넘어졌습니까? **뛰어 요괴, 80m**

**③** 1등을 한 요괴는 누구이고, 100m를 몇 초에 뛰었습니까? **잘난척 요괴, 20초**

**④** 2등을 한 요괴는 1등을 한 요괴보다 몇 초 뒤에 들어왔습니까? **5초**
딴짓 요괴가 잘난척 요괴보다 25-20=5(초) 뒤에 들어왔습니다.

92 D8 경우의 수와 통계

[토끼와 거북의 경주]

**1** 다음은 토끼와 거북의 경주를 나타낸 그래프입니다. 물음에 답하시오.

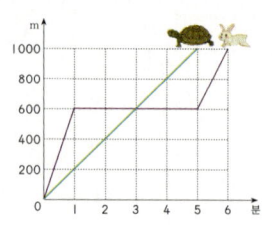

토끼가 경기 도중 낮잠을 잤어.

**①** 토끼와 거북 중 누가 경기에 이겼습니까? **거북**

**②** 토끼는 경기 도중 낮잠을 잤습니다. 몇 분 동안 낮잠을 잤습니까? **4분**
5-1=4(분)

**③** 거북이 도착한 후 토끼는 몇 분 후에 도착합니까? **1분**
6-5=1(분)

**④** 경기 도중 거북과 토끼가 만나는 곳은 몇 m 지점입니까? **600m**

Chapter 4 평균과 그래프 93

# 창의적 문제해결력

**1** 다음 그래프는 어느 나라의 철강 생산량을 나타낸 것입니다. 그래프의 잘못된 부분이 무엇인지 찾아 쓰시오. **물결선 아래에 그래프를 그릴 수 없습니다.**

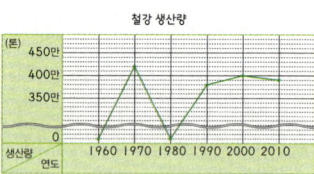

철강 생산량

**2** 다음은 아인이가 6개월 동안 읽은 책을 나타낸 표입니다. 매달 평균 9권을 읽었을 때 8월에는 몇 권을 읽었는지 구하시오. **9권**

아인이의 독서량

| 월 | 3 | 4 | 5 | 6 | 7 | 8 |
|---|---|---|---|---|---|---|
| 읽은 책 (권) | 6 | 8 | 10 | 13 | 8 | |

(6+8+10+13+8+□)÷6=9
45+□=54
□=9

 동영상 특강
QR 코드를 찍어 보세요!

**3** 오른쪽 그래프는 태경, 초이, 지오 세 사람이 등산을 한 시간과 거리와의 관계를 나타낸 것입니다. □ 안에 알맞은 기호를 써넣으시오.

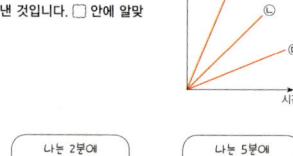

 나는 1분에 200m를 올라갔어.
태경 **㉠**

나는 2분에 300m를 올라갔어.
초이 **㉡**
초이는 1분에 300÷2=150(m) 올라갔습니다.

 나는 5분에 500m를 올라갔어.
지오 **㉢**
지오는 1분에 500÷5=100(m) 올라갔습니다.

**4** 태경이가 독서를 하면서 다음과 같이 음료수를 마셨습니다. 태경이가 마신 음료수의 남은 양과 시간과의 관계를 나타낸 그래프로 옳은 것을 고르시오. **㉠**

음료수를 받자마자 마시기 시작했어.
세 번에 나누어서 마셨는데 조금 남겼어.

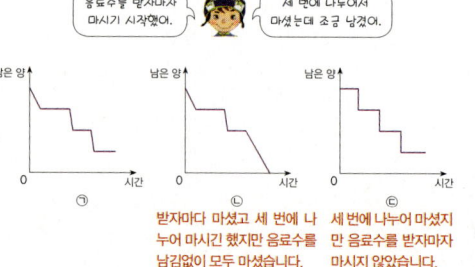

㉠ 받자마자 마셨고 세 번에 나누어 마시긴 했지만 음료수를 남김없이 모두 마셨습니다.

㉡ 세 번에 나누어 마셨지만 음료수를 받자마자 마시지 않았습니다.

94 D8 경우의 수와 통계

Chapter 4 평균과 그래프 95

정답 및 해설 **21**

MEMO

MEMO